爱的教育系列丛书

我的成长，我负责

青春期性教育入门

白璐 编著　张玫玫 审定　小蜗牛科普 绘

全国百佳图书出版单位

中国中医药出版社

·北 京·

图书在版编目（CIP）数据

我的成长，我负责：青春期性教育入门 / 白璐编著 . —北京：
中国中医药出版社，2023.11
（爱的教育系列丛书）
ISBN 978-7-5132-8514-8

Ⅰ . ①我… Ⅱ . ①白… Ⅲ . ①青春期—性教育 Ⅳ .
① G479

中国国家版本馆 CIP 数据核字（2023）第 203439 号

中国中医药出版社出版

北京经济技术开发区科创十三街 31 号院二区 8 号楼
邮政编码 100176
传真 010-64405721
河北品睿印刷有限公司印刷
各地新华书店经销

开本 787×1092 1/16 印张 10 字数 156 千字
2023 年 11 月第 1 版 2023 年 11 月第 1 次印刷
书号 ISBN 978 - 7 - 5132 - 8514 - 8

定价 45.00 元
网址 www.cptcm.com

服 务 热 线 010-64405510
购 书 热 线 010-89535836
维 权 打 假 010-64405753

微信服务号 zgzyycbs
微商城网址 https://kdt.im/LIdUGr
官 方 微 博 http://e.weibo.com/cptcm
天猫旗舰店网址 https://zgzyycbs.tmall.com

如有印装质量问题请与本社出版部联系（010-64405510）

《爱的教育系列丛书》
专家指导委员会

主 任 委 员 　张银俊

副主任委员 　白　璐　张玫玫　邢海燕

委 　 员 　武俊涛　王伶伶　那　敏

　　　　　　　陈海燕　刘　莹

性教育是少年儿童成长过程中不可回避的话题，这对他们的身心健康乃至一生的幸福都至关重要。长期以来，常见的性教育主要以行业实践者和社会组织带动为主，尚未达到普及的程度。"性教育的进行不应过早""少年儿童对于性知识能够无师自通""少年儿童性别角色教育'标签化'"等误区都会给孩子们的健康成长埋下隐患，尤其公众对性教育本身缺乏足够的了解，阻碍了性教育的开展。作为一名教育工作者，我深知在相应的年龄阶段对少年儿童进行性教育是适宜的，也是必需的。性教育有着丰富的内容，除了生理方面的内容以外，还有心理、道德、社会、法律等方面。性教育是一个系统工程，应贯穿孩子的整个教育生涯：在幼儿园，要教他们认识男生和女生之间的差别，学会保护自己；在小学，要增加生理、心理、道德、安全等各方面的教育；到了初中、高中，就要告诉他们正确的两性关系及与异性相处的重要性、严肃性和责任性；进入大学，就要向他们介绍爱情、婚姻和家庭等方面的知识。在每一名少年儿童走向成人的过程中，这些都是不可回避的内容。

2006 年，在我担任中国教育学会会长的时候，我与中华慈善总会共同立项启动了"中国青少年艾滋病防治教育工程"（简称"青爱工程"），并担任领导小组组长至今。十余年来，"青爱工程"在全国28个省（区、市）的千余所学校和社区援建青爱小屋，通过开展师资培训、专家讲座、校园宣讲、课程开发、图书出版等公益活动，推动性教育走进课堂、走进社区，为学生、老师和家长提供全面、科学、系统的性教育知识，填补少年儿童健康成长中曾经缺失的环节。

少年儿童接受科学、系统的性教育应趁早，社会对于少年儿童性教育的重视程度也应该进一步提高。随着新修订的《中华人民共和国未成年人保护法》、国务院颁布的《中国儿童发展纲要（2021—2030年）》以及教育部颁布的《未成年人学校保护规定》的落地实施，"性教育"首次被正式写入法律条文，被纳入基础教育体系和质量监测体系。性教育入法为家庭、社会、学校共同"发声"提供了法律依据，让性教育的开展有了坚实的政策支持，使性教育有了更加广阔的发展空间。这是社会的进步，也是文明的进步。

这些年，"青爱工程"在性教育领域做了积极的探索与实践，组织有关专家学者和一线教师编撰出版了《青苹果丛书》《青少年性健康及预防艾滋病教育教案集（小学篇）》《未成年人性侵害防范研究》等一系列性教育读本、教学参考书，启动开展"终结艾滋病性教育和人文教育普及活动"，并在国家卫生健康委员会、教育部、中国疾病预防控制中心指导下，录制了系统的《学校预防艾滋病和性教育》视频课程。基于该视频课程内容，"青爱工

程"组织有关专家编撰出版了本套"爱的教育系列丛书"，包括《我的身体，我做主：青少年性教育启蒙》和《我的成长，我负责：青春期性教育入门》2本，内容涉及小学到中学的各个年龄段，从性别、身体、安全、人际关系、审美等角度出发，讲解性健康及心理健康知识，引导少年儿童了解自己、了解生命、尊重生命，帮助他们树立正确的价值观。本套图书的编撰者白璐老师和审定者张玫玫教授，作为青少年性教育领域的专家，不但有扎实的专业知识和丰富的教学经验，而且还有着无限的爱心。编者及其团队长期参与"青爱工程"教师培训、教参编写、课程开发等工作，在实际工作中践行爱的精神，承担教育之责。在此，我要感谢所有在本书出版过程中付出辛勤努力的工作者们，并祝贺本套图书的出版。

　　我衷心希望本套图书能够成为孩子与父母共同的读物，为孩子提供完备的健康教育，让他们能够健康成长。

中国教育学会原会长

北京青爱教育基金会终身名誉会长

2023 年 9 月

致读者的一封信

亲爱的同学：

　　你好，欢迎你打开这本书！

　　你在成长的过程中，可能对于自己的身体、性别、人际关系、感受等充满了各种各样的困惑，例如：我从哪里来？我的身体为什么长这样子？我如何保持身体健康？男孩女孩到底有哪些差异？如何与他人建立良好的人际关系？进入青春期后，你又会很好奇：我的身体会出现哪些变化？为什么会出现这些变化？月经、遗精到底是怎样的生理过程？青春期为什么会出现爱的感受和对性的好奇？青春期的人际关系为什么会变得更敏感？

　　你有这些困惑并不奇怪，所有的同学在成长过程中或多或少都会思考这些问题，对这些现象感到好奇，但又苦于无处寻找答案，可能也不好意思与他人谈论这些话题。但请你相信，有这些困惑是很正常的，不要因此感到羞耻或自责。

　　希望这本书能帮你打开探索真相之门。在这里，有很多经验丰富的老师，将那些困扰你的问题用图文并茂的方式讲解出来，还会将其他同学处理人际关系的经验分享给你，希望能解开你的困惑。但有时仅仅了解这些知识是不够的，也许你还需要在生活中通过与老师、家长、同学和朋友的交流，了解更多的信息和观点，慢慢形成属于自己的思想认知。不过不要着急，这需要一个过程，你会在成长的过程中慢慢做到这一点。

　　最后，衷心希望你在阅读这本书的过程中获得乐趣。如果你在阅读的过程中有任何的困惑，请勇敢地向家长或老师求助，让他们解答你的疑问，因为你提出的每一个问题都应该得到认真回应。

2023 年 9 月

帮助青少年及儿童做好向成人过渡的准备一直是家长和老师们面临的巨大挑战，其中，性和性教育是核心问题之一。因为每个孩子从出生就开始了自我的性发育与性探索的历程，依据孩子的发育特点，提供有效的性教育是保证其健康成长的必要措施。

什么样的性教育才是有效的？大量的研究和实践证实，对于孩子的性健康成长最为有利的性教育一定是科学、全面、符合孩子的年龄和发育特点的。国内外的纲要性文件中显示，科学、有效的性教育通常包括以下几类内容。

1. 性生理与性保健

男女两性生殖器官的结构与体表特征（第一性征）；生命的诞生；青春期概念，青春期性生理发育过程和特点；性机能的发育、表现及卫生（月经、遗精等）；第二性征的出现及保健措施；最佳生育年龄和优生优育；未成年人性（交）行为的可能结果和防护；人工流产的机理及后果；艾滋病教育，包括艾滋病的基本知识、传播途径及预防方法。

2. 性心理与性调控

悦纳自己的生理性别，逐步构建适合自己的性别人格；正确面对生理变化引起的心理反应；两性心理特征和表达方式特点；社会性别差异及其社会行为规范；异性交往中两性认知和情感过程的差异；正确对待性意识，调节和控制情绪的方法。

3. 性道德与性社会

性的社会属性，性权利和性价值观；社会的性道德原则和行为规范；社会性别角色和性别平等；友谊、友情和爱情的内涵；个人在家庭和社会中的责任；多样家庭结构的理解与适应；人生规划和珍爱生命；对艾滋病患者的关爱。

4. 性审美与性文化

性审美的内涵、要求、标准、特征；性审美的艺术表现、欣赏；适合年龄特点的性审美形象塑造；社会性别与性形象；性体像与文化；性审美与性文化；性文化的特征与种类，生殖图腾与婚俗文化，性文化对社会的影响，不同性文化的差异、理解；分清文艺作品中的情爱、色情描写。

5. 性自护与性法制

自我保护意识和方法，识别性骚扰，预防性侵害；非意愿性（交）行为的防范和拒绝，未成年人发生性（交）行为的法律规范；了解婴儿遗弃罪；认识毒品危害，预防各种不良成瘾；安全上网，适度交友，防止伤害。

本套书的编写就是依据以上 5 部分内容展开，结合不同年龄孩子的发育特点和认知水平，适合相应年龄段的孩子在老师、家长的指导下阅读。

《爱的教育系列丛书》编委会

2023 年 10 月

目录

第一章

迎接青春期

第一节 到了青春期， 我们的身体会出现哪些变化

亲爱的同学你好，你知道什么是青春期吗？

人的一生是从新生儿开始的，我们要经过许多过程，每个过程都充满着神奇的改变。在这个神奇的过程中，我们的生长发育会经历两个特殊的时期，一个是婴儿期，另一个就是青春期。

青春期是青春发育期的简称，是人的一生当中生殖器官从幼稚到成熟，从开始发育到发育成熟的过渡时期，是以出现第二性征为起点，在生理和心理上出现重大变化的阶段。

多数女孩进入青春期是从 10 岁开始的，而男孩要比女孩晚 1～2 年，而且每个人进入青春期的年龄也都不一样。青春期的年龄范围一般在 10～20 岁。青春期的你朝气蓬勃、活力四射。

青春期

　　青春期是人类个体发育必经的重要阶段，也是决定一个人心智发育水平的关键时期。在这一时期，人体在形态、功能、性征、内分泌及心理行为等方面都会出现巨大的变化。经过这一阶段，儿童将逐渐发育为成人。

　　婴幼儿时期的男孩和女孩从外表看没有太大的差别，但是随着年龄的增长，特别是进入小学高年级的男生和女生之间的差异就越来越明显了。

　　请你想一想，最近一段时间，你的身体有没有出现一些明显的变化呢？你观察到身边同学的身体变化了吗？

你可能会发现：

自己和同学身高增长
的速度加快了

去年的鞋今年
已经穿不下了

饭量变大了

衣服很快
就小了

有时脸上
会出油，还会
冒出几颗痘
痘，而且头发
也经常是油腻
腻的

这些变化仅仅是一个开端，当青春期慢慢走进你的生活，一系列变化就会接踵而至。

这些主要的变化包括身体外形显著变化，生理功能发育日趋健全，还有性发育的日渐成熟。

其中，生长突增是青春期来临传递给我们的第一个信号。

青春期身体外形的显著变化

生长突增是指青春期人体身高迅速增长的现象，人体的各个部位、各个系统在青春期都会出现生长突增，以身高生长突增最为显著，出现的也最早。

因为女孩往往比男孩早发育 1 ～ 2 年，所以在学校里我们常常看到下图所示的现象：

五六年级的学生   初三年级的学生

在小学五六年级到初中一年级的同学中，女生的个头往往会比男生高。但随着男生进入生长突增期，一般到了初中毕业的时候，男生的身高就会超过女孩了。

随着骨骼、肌肉和脂肪的迅速生长，人的体重也会迅速增加，这时男生和女生身体外形的变化有明显的不同。女生的身体变得比以前更丰满了，而男生的身体则变得更加强壮。

身体更丰满

体格更强壮

与童年期相比，青春期的心脏心肌变厚、弹力增强，心脏供血能力显著提高，表现为体力丰沛，运动能力增强。

青春期的大脑功能明显增强，表现为学习、记忆等各种能力都有显著的提高。

青春期性发育的日渐成熟

性发育的日渐成熟也是青春期生长发育的主要特点。在这一时期，男生和女生开始出现第二性征的发育。

❓ 什么是性征呢？

性征是指可用于区别男女性别的特征。

第一性征是指我们一出生，医生根据外生殖器来确定的我们的性别特征，例如：

男孩有 阴囊、阴茎、睾丸	女孩有 阴唇、阴道、卵巢

男孩的阴茎主要用于排尿，阴茎最前端的部分叫作龟头，平常有包皮覆盖保护着它。在阴茎根部的下方，有一个由松软皮肤构成的阴囊，阴囊里面左右各有一个睾丸，睾丸在青春期后会分泌出激素，并会产生精子。阴囊的皮肤遇冷会收缩、遇热会放松，以此来自动调温，使睾丸的温度适合精子的生长与发育。

男生

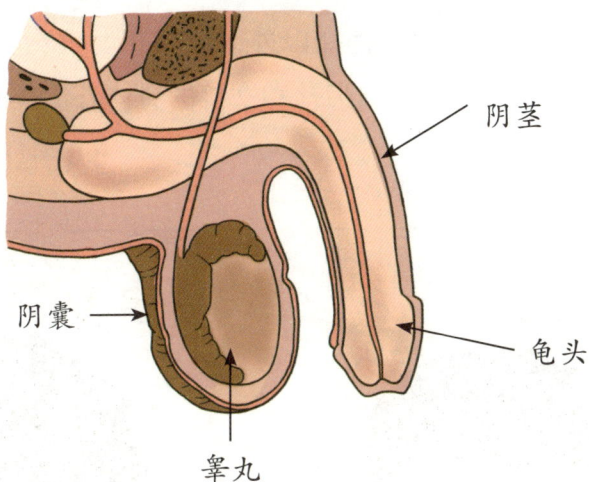

阴茎

阴囊

龟头

睾丸

　　女孩外阴部位的大阴唇和小阴唇对尿道口和阴道口起着保护作用，阴道口位于尿道口和肛门之间。阴道是一个富有弹性的管道，上面连着子宫、下面连着阴道口，是精液进入、排出经血和娩出胎儿的通道。子宫是产生经血和胎儿发育的地方。卵巢位于子宫两侧的输卵管下方，左右各一个，卵巢能产生卵细胞和分泌雌激素。如果卵细胞在输卵管中与精子结合，就会形成受精卵，再被运送到子宫，在那里发育成胎儿。

女生

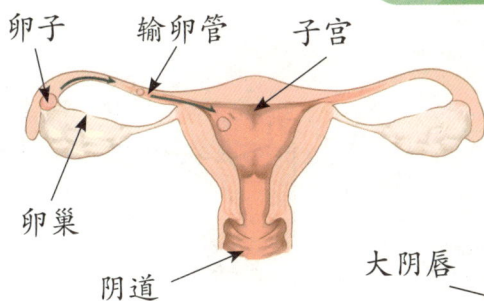

卵子　　输卵管　　子宫

卵巢

阴道

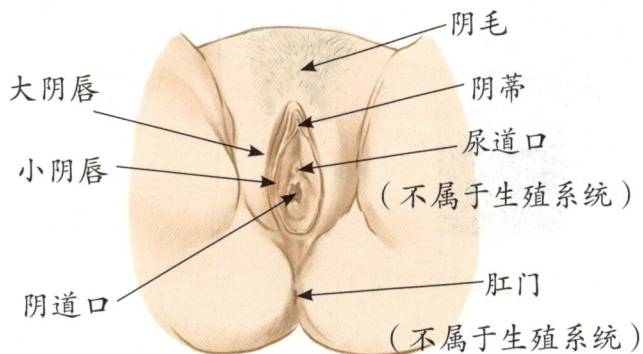

阴毛

阴蒂

尿道口

（不属于生殖系统）

大阴唇

小阴唇

肛门

（不属于生殖系统）

阴道口

第二性征是指除了第一性征之外，在进入青春期后，男生和女生在身体外形方面的特征。

在进入青春期前，除了第一性征以外，男孩和女孩在身体外形方面没有太大的区别，而在进入青春期后，男孩和女孩的身体外形逐渐表现出不同。

男生表现为：

喉结突出、嗓音变粗

长出胡须

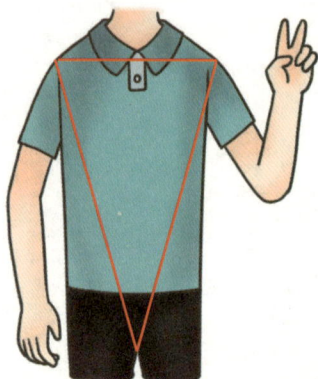

呈现肩宽、骨盆窄的
倒三角体形

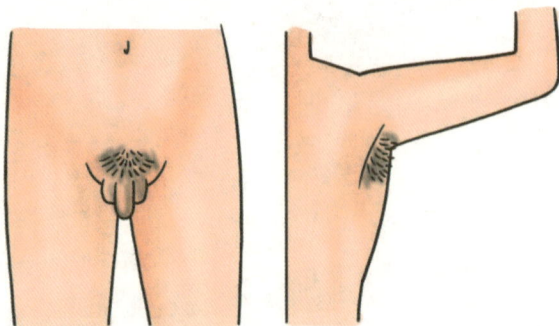

长出腋毛和阴毛

女生表现为：

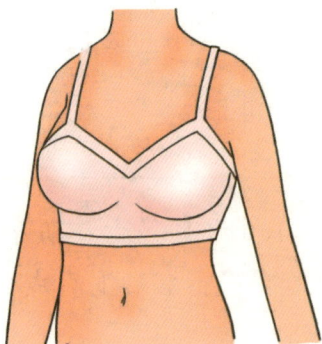

乳房隆起、皮下脂肪增多

嗓音变得尖细

呈现肩窄、骨盆宽
的正三角体形

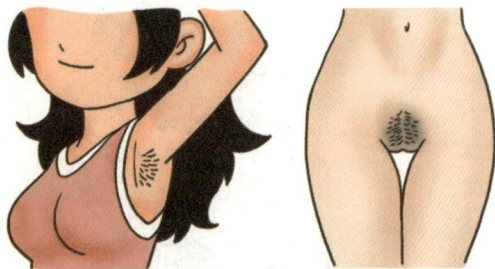

长出腋毛和阴毛

经过了青春期的发育，第二性征的区别会越来越明显，小男孩逐渐长成健壮英俊的男子汉，而小女孩则出落成亭亭玉立的大姑娘，因此更能显现出男女的外形特点。

由于受遗传、体质、营养、环境等多种因素的影响，每个人性发育开始的时间、速度、程度都会有所不同，有的甚至可能相差好几年，但是性发育的早晚和快慢一般都不会影响日后的性功能与生殖能力。当你了解到这些性发育知识以及个体发育差异以后，就不会因自身性发育情况与同龄人不同而困扰了。

第二节 了解遗精和月经

> 亲爱的同学你好！在上一节的内容中，我们了解了青春期身体的变化和性发育的过程。而随着我们的内外生殖器官的发育成熟，男生开始出现首次遗精，女生开始出现月经初潮。

❓ 什么是遗精

有的男生清早睡醒以后，发现尿道口流出的精液把内裤弄湿了，而这一

切是不知不觉在睡梦中发生的，这就是遗精，也称为梦遗。

首次遗精发生的年龄在 12～18 岁，大多数男孩发生在 14～16 岁，一般比女孩子的月经初潮晚 1～2 年。

遗精之所以会出现，是因为当男性性成熟以后，由于睾丸已经能够不断产生精子，精子成熟后与腺体分泌的液体混合成精液，在神经系统的作用下会不定期地溢出，也就是所谓的"精满而自溢"的道理。一般来说，遗精是

正常男性在青春期开始后出现的一种正常的生理现象。

进入青春期以后，首次遗精的年龄有早也有晚，每个人发生的频率也有

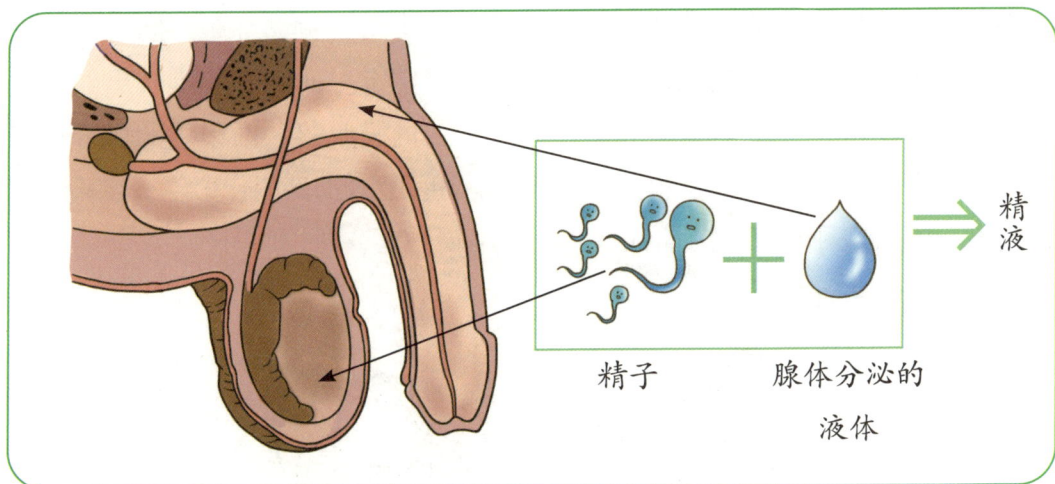

精子　　　腺体分泌的
　　　　　　液体

精液

所不同，遗精有生理性和病理性之分。

男性发生首次遗精后，就具备生育能力了。也就是说，如果此时他的精子与同样具备生育能力女性的卵细胞结合，就会形成受精卵，孕育出生命。

而在中小学阶段，无论是男生还是女生，身体和心理方面都还没有发育成熟，经济上也没有独立，还不能承担起养育后代的责任。同时，如果怀孕期间发生意外或做人工流产，会对女生造成伤害，而新生儿没有得到父母的良好照顾，对新生命也是伤害。

我们要注意的是，如果遗精次数过于频繁，可能与生殖器的炎症、神经过度兴奋、疲劳或者不良的刺激有关，请及时咨询专业人士或者去向医生请教。

如果你还没有经历首次遗精的话，希望你做好思想准备，愉快地迎接它的到来！

❓ 什么是月经

月经是女孩子青春期开始出现的一种正常的生理现象。在激素的作用下，每个月从一侧卵巢（下个月从另一侧卵巢）里排出一枚卵细胞，同时子宫内会出现子宫内膜增厚的现象，来准备孕育一个宝宝。而在卵细胞排出的过程中如果没有受精，卵细胞就会死亡，同时子宫内膜脱落，内膜里的血管也一起破裂，因此产生的血液、脱落的子宫内膜和死亡的卵细胞就会一起从阴道口流出。因为这种现象会周期性地一个月出现一次，所以叫月经。

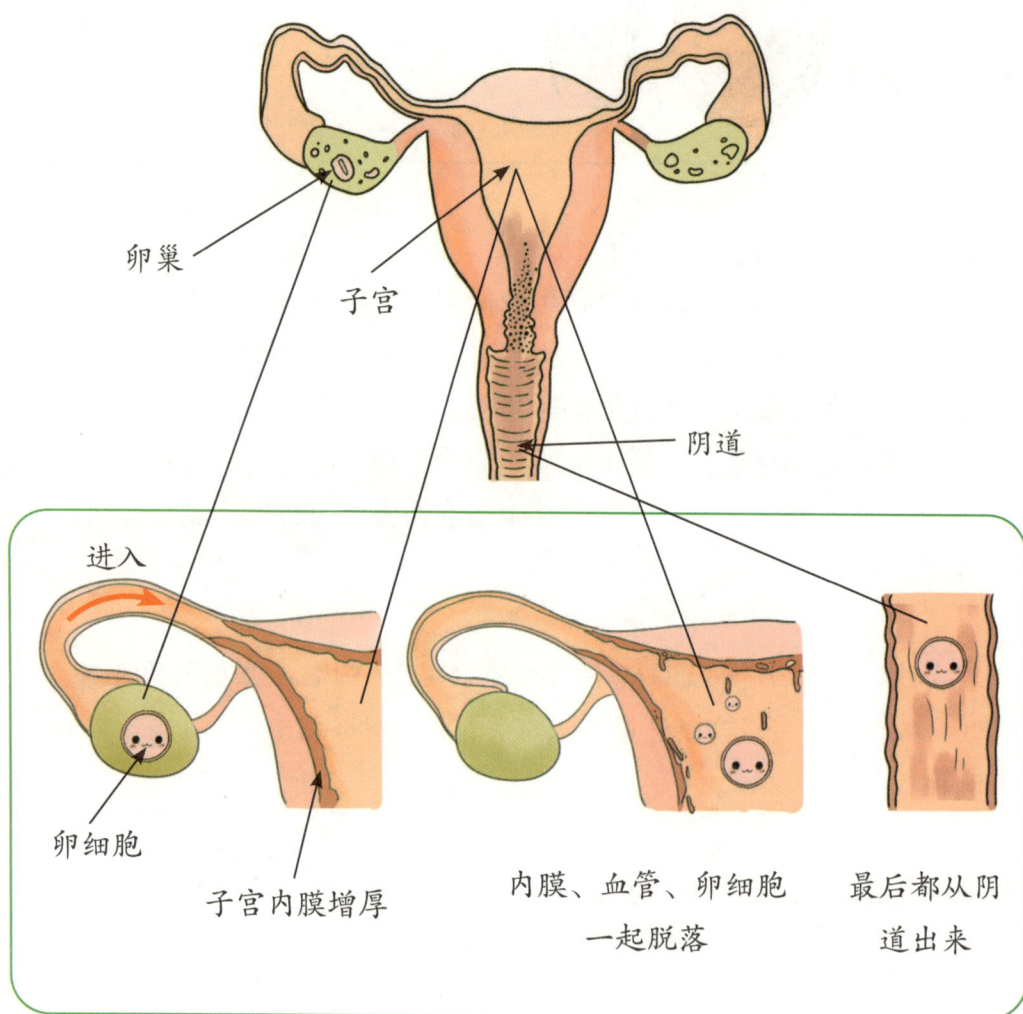

卵巢

子宫

阴道

进入

卵细胞

子宫内膜增厚

内膜、血管、卵细胞
一起脱落

最后都从阴
道出来

如果女生忽然有一天发现自己的内裤上沾有血迹，这就是第一次来月经，也就是我们说的月经初潮。

月经初潮一般发生在 11 ～ 13 岁之间，每次月经持续的时间称为经期，一般为 2 ～ 7 日。通常状态下，第一天血量不多，第二天和第三天血量会增多，以后逐渐减少，直到没有血液。

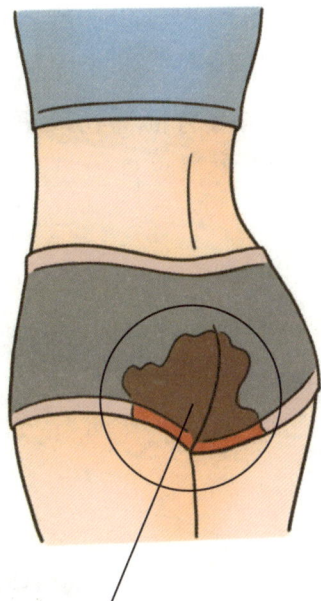

月经

从月经来潮的第一天算起，到下次月经来潮前一天为止，也就是相邻两次月经第一天的间隔时间，我们称之为月经周期。月经周期一般为 21 ～ 35 天，平均为 28 天。月经周期容易受多种因素的影响，一般提前或推迟 3 ～ 5 天都是正常现象。

青春期女生由于生理尚未发育成熟，月经周期常常不规律，尤其是在月经初潮后的几个月到两年的时间里，有时两三个月甚至半年才来一次月经。但如果月经初潮两年后月经依然不规律，就应该重视了，需要尽早去医院做相关检查。

月经初潮开始的年龄有早有晚，但在 16 岁以后或是乳房发育后两年还没有来月经时，可以考虑到医院进行检查，确定是否有一些发育方面的问题。

月经初潮也意味着卵巢开始排卵了，这时候如果有精子与卵细胞结合，就有可能使女生怀孕。通常在怀孕以后，本来规律的月经就会停止，直到生产后数月才会恢复。

女生出现月经初潮通常说明她的生殖器官功能正常，基本具备生育后代的能力。但是，这个时候女孩身体其他系统还未发育成熟，心理智力和独立生活能力等方面都还没有达到孕育生命的要求，还不具备组织家庭养育后代的能力，经济条件也是不允许的。

因此，女生一定要学会自尊自爱，与异性交往时要保持理智，千万不要过早地与异性发生性行为而导致怀孕，那将会对自己的身心造成非常严重的伤害！

第三节 如何做好青春期卫生保健

　　亲爱的同学你好，你知道如何通过科学的卫生保健来保持青春期的身体健康吗？青春期的卫生保健有三个方面非常重要，分别是：遗精、月经和青春痘的卫生保健。

❓ 如何做好遗精的卫生保健？

在遗精发生之后，精液会残留在身体和内裤上，有时还会弄湿床单。

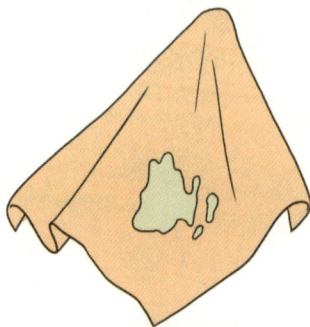

　　这时要马上进行清洁，否则容易造成瘙痒、异味，甚至引发感染。

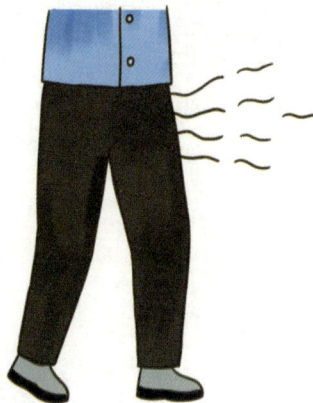

❓ **清洁方法：**

1. 首先要用流动的温水将身体清洗干净。

2. 注意阴茎的包皮和龟头之间的清洁，将包皮轻轻下拉，露出龟头。并仔细清洗龟头的周围，尤其是龟头下部这个叫冠状沟的地方，最容易被忽视。

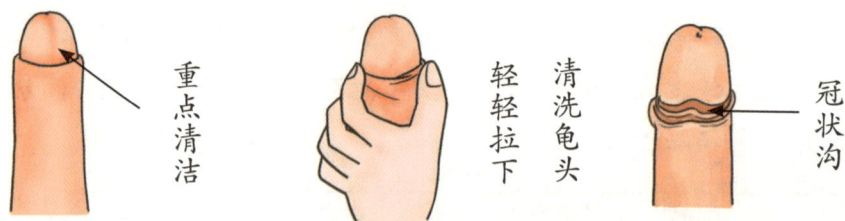

重点清洁

轻轻拉下

清洗龟头

冠状沟

3. 洗干净后可以擦干或晾干，总之要保证生殖器官部位的清洁和干燥，之后换上干净的内裤。

4. 弄脏的内裤和床单要马上用冷水浸泡，并且用洗衣液或肥皂进行清洗，注意不要用太热的水进行清洗，因为精液中含有蛋白质，遇热后会变性，反而不容易洗掉。

经过清洗的内裤和床单要在阳光下充分晾晒，阳光的照射和干燥的环境可以起到很好的消毒杀菌作用。

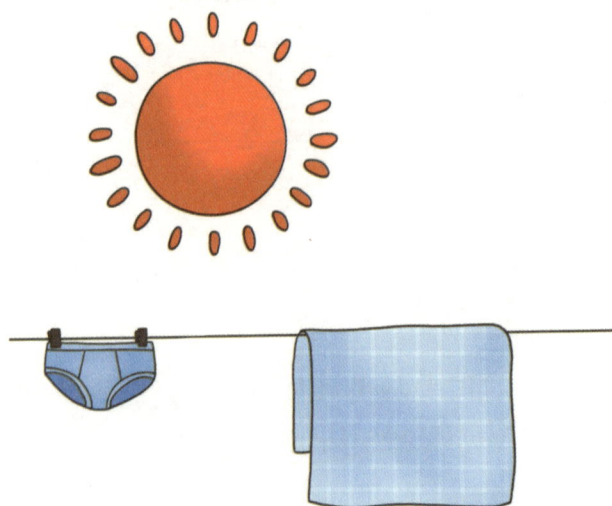

❓ 如何做好月经的卫生保健？

女生在月经期间身体会出现一些变化，比如容易疲劳、抵抗力减弱，如果不注意卫生和保健就会比较容易感染或诱发妇科疾病，因此月经期应尽量做到以下几点：

1. 使用洁净的卫生巾

要购买正规品牌的卫生巾，并且在保存和携带时注意卫生，不要直接把小包装的卫生巾放在书包内，以免与书籍文具等摩擦造成包装袋破损，从而污染卫生巾。可以准备一个专门的小包来放置卫生巾，然后再放进书包里。卫生巾应及时更换，否则长时间沾染在卫生巾上的经血容易滋生细菌，可能导致外阴不适、瘙痒或感染。

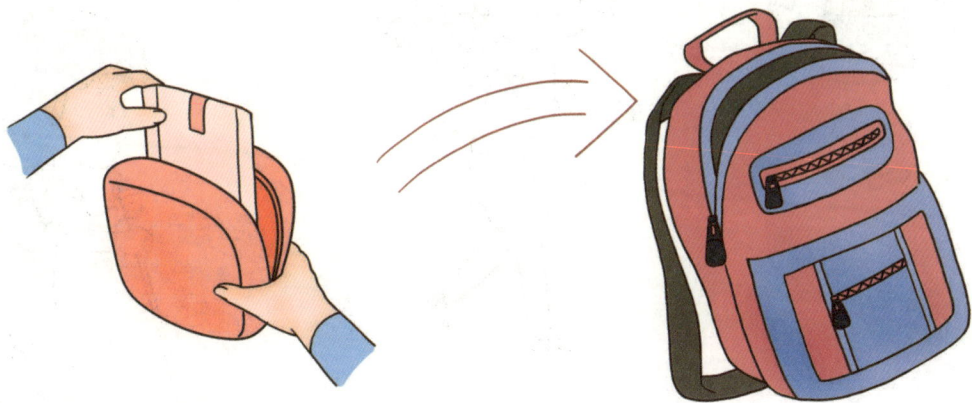

2. 保持外阴卫生

月经期间不要盆浴或坐浴，最好是淋浴，每天要用清洁、流动的温水清洗外阴，清洗时要注意从前向后洗，不要从后往前洗，否则很容易把肛门附近的细菌带到外阴部。

3. 注意保暖，预防痛经

月经期间盆腔充血，如果突然受冷会使血管收缩，引起经血减少、痛经或者闭经，因此要特别注意保暖，尤其是要注意保持小腹、腰和脚心温暖。不要坐在阴冷潮湿的地方，不要淋雨、涉水，不要用冷水洗脚、洗澡。

4. 适当参加运动和轻体力劳动

适当的体育运动可以促进血液循环，还可以在一定程度上缓解痛经，所以可以在自身条件允许的情况下进行适当的运动或轻体力劳动。但注意不要参加剧烈的运动和重体力劳动，以免引起经血过多或经期延长。

散步

慢跑

扫地

5. 注意营养和睡眠

注意营养均衡，多吃易消化的食物，多吃新鲜蔬菜和水果，多喝温开水，保持大便通畅，生活有规律，保证充足的睡眠。

6. 保持乐观的情绪

坦然而愉快地对待月经现象，身体和心理上的不适就会减少。

7. 养成记录月经期的好习惯

养成记录的习惯有助于掌握自己的月经规律，比如使用小本子、月经App 等记录每次来月经和月经结束的时间，这样能够大概预知下一次月经来潮的时间，便于在月经到来之前做好准备，随身准备一个干净、不透明的小包装卫生巾，以便及时使用。

制作月经记录小本子

周日	周一	周二	周三	周四	周五	周六
			1	2	3	4
5	6	7	8	9	10	11
12	13	14	15	16	17	18
19	20	21	22	23	24	25
26	27	28	29	30	31	

■月经期

使用月经 App

月 经 记 录

月经开始时间：5月14日

月经结束时间：5月20日

❓ 如何应对青春痘？

在进入青春期后，随着性激素分泌量的增多，我们的皮脂腺也相应地发育起来了，皮脂的分泌也会增多，所以我们会感觉脸比以前爱出油了，甚至有些同学还长出了青春痘，让我们觉得很不舒服。

❓ 什么是青春痘？

青春痘的医学名称叫作"痤疮"，俗称"粉刺"，常见于青少年，男性比女性多发。

痤疮的好发部位主要是面部，其次是胸、背部等皮脂腺发达的地方，常表现为丘疹、脓疱等多种皮肤损害。痤疮是毛囊皮脂腺的慢性炎性疾患，时轻时重，有时候会延至 30 岁左右才缓解。

黑头　　脓疱　　痤疮　　疖肿

❓ 痤疮发生的原因是什么呢？

在青春期，皮脂腺由于受性激素的影响而增生肥大，分泌功能变得十分活跃。

如果皮脂排出受阻，聚集在毛囊内，就会形成了痤疮；如果皮脂被空气氧化，再混上灰尘污垢，就变成黑头、粉刺；如果侵入的细菌在毛孔内繁殖，引起炎症和化脓，就会进一步发展成为疖肿。

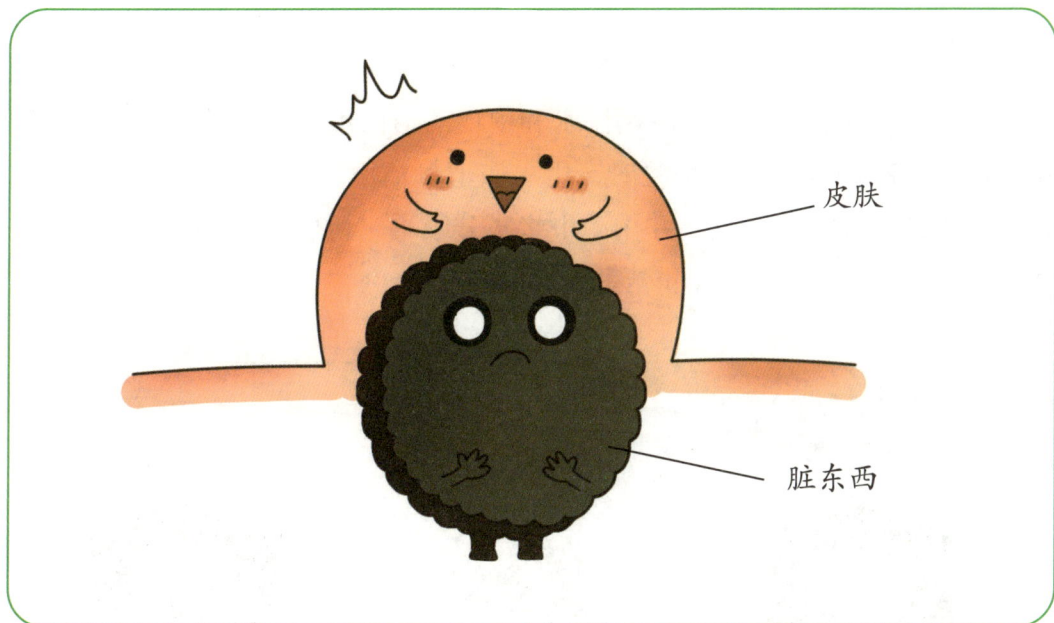

皮肤

脏东西

痤疮如果处理得当，一般不会留下痕迹，但若处理不当，不注意卫生，经常用手去挤，就会因感染而引起慢性化脓性毛囊炎，在面部形成疤痕或色素沉着，影响容貌。

❓ 那我们该如何防治痤疮呢？

可以参考以下几个建议：

1. 保持清淡饮食

平时注意饮食调节，多喝白开水，多吃富含维生素 B_2、维生素 B_6、维生素 C、维生素 E 的食物，少吃油腻食物，比如油炸食品、奶油蛋糕等，因为这类食物会使皮脂分泌增多。不饮酒，少吃生冷及有刺激性的食物，比如辣椒、生葱、生蒜等。

2. 保持平和心态

情绪的变化对痤疮的发生有直接影响，一个人在精神紧张焦虑时容易引起内分泌紊乱，所以，有规律地安排生活、经常参加体育锻炼、保持乐观开朗平和的心态，会有利于防止痤疮的发生。

3. 做好面部清洁

进行日常皮肤护理时，应用温水和中性的洁面用品清除脸上的油脂及污垢，帮助皮脂顺利排出。洗脸时，用手取适量洁面用品轻轻搓揉面部肌肤，再用清水冲洗掉洁面用品，并用毛巾将水分吸干，切忌用力搓揉面部。清洁面部后，用温和的乳液或面霜帮助面部保湿。

洗脸步骤：

1. 用温水打湿面部

2. 取适量的洁面乳并打出泡沫

3. 均匀涂抹到面部

4. 在出油的地方多按摩几下

5. 用清水洗净脸部

6. 用干毛巾吸干水分

面部保湿步骤：

1. 用取适量的保湿乳或面霜

2. 均匀地涂抹到面部

3. 轻轻按摩至感觉干爽

4. 尽量避免使用化妆品

许多化妆品容易刺激皮肤，导致痤疮加重，尤其是粉底、遮瑕、美妆类的产品。因此建议在青春期最好只使用温和的洁面产品和乳液进行护肤，尽量避免化妆，尤其是化浓妆。

5. 不挤压痤疮

用手挤压痤疮会为细菌入侵创造条件，引起炎症，甚至留下色素沉着或疤痕。另外，口鼻部是危险三角区，用手挤压后容易使细菌随血液进入脑内，引起严重的颅内感染而有生命危险。

危险三角区

6. 正确看待痤疮

痤疮是随青春期身体发育而发生的一种生理现象，不是什么严重疾病，随着身体发育的逐步成熟，体内性激素水平恢复正常，痤疮也就会自行消退。少数严重的痤疮应及时求医治疗，不要随意自行用药或使用市场上销售的"三无"产品。

少吃辛辣油腻等食品

多吃蔬菜水果等

第二章

读懂青春期

第一节 到了青春期，我对异性的感受会出现变化吗

亲爱的同学你好，你知道进入青春期除了身体上的变化，还有其他哪些变化吗？你曾经经历过这样的情景吗？

到了新学期，老师说："同学们，咱们重新安排座位吧！大家看，经过一个暑假，有的同学的个子长得这么快，需要调整一下座位了。而且，更换一下周围的同学，你可以结识更多新的朋友。我尊重你们的意见，你们可以按照自己的意愿选一个新的位置，好了，动起来吧！"

新学期

同学们，咱们重新安排座位吧！

同学们听了老师的话非常高兴，没过多久，大家都选好了自己满意的新位置，兴奋地和周围同学说起了话。老师看到教室里的情景哈哈大笑起来，

你猜，老师看到了什么？

原来，老师发现，教室里男生坐在一边，女生坐在另一边。中间两组的同学还特意把自己的桌椅往两边移了一下，教室中间出现一条宽宽的过道儿，俨然形成两大阵营。

看到老师在大笑，同学们感到莫名其妙。老师问："大家喜欢自己新的位置吗？"同学们异口同声地说："喜欢！"老师又问道："大家说说看，你们为什么喜欢这样安排座位？"

同学们你一言我一语地说起来。

女生说："这样方便啊！女孩子在一起话题相同，说什么都方便。"

男生说："你们娇气，没怎么招惹你们，你们就哭哭啼啼的。"

女生说："你们最讨厌，老欺负我们，拿我们的文具盒、拽我们的头发。"

男生说："和你们坐在一起太麻烦，你们'事儿太多'！"

老师打断大家说："听大家这么一说，看来男生和女生在一起没什么好处了。"

大家静了一会儿。

有同学说："也不是，只是让我主动和异性同学坐在一起有点不好意思，我怕大家会笑话我。"

这时，教室里出现了一阵笑声。

相信进入青春期的你，也有过类似的经历吧，就是男生和女生之间好像慢慢出现了隔阂，而当我们想要靠近彼此时，又觉得有些不好意思。其实，这是青春期的发育在起作用。

高年级的我们正逐步进入青春期发育初期。青春期发育像号角一样，唤醒了身体的所有细胞。这时的我们开始强烈地意识到男生和女生的性别差异，并且开始关注男生和女生之间的交往，并且会由此产生一些特别的心理变化。

在刚进入青春期时，我们会排斥异性，但其实对于异性的排斥仅仅是在青春期中很短暂的一个阶段，时间大约有半年至一年。这是因为随着进入青春期后的身心变化，我们对性别和性别角色心理认同的增强以及对第二性征发育的不安和烦恼，使得一些同学此时有意疏远异性。

这也是为什么在老师重新分座位的时候，男生和女生会想要分开坐，甚至出现了男女生之间分明的界线。有时候我们还会对比较接近的男女同学进行议论，说一些八卦的话题。但在中低年级时候，大家可是并不避讳和异性同桌的。

其实，这一阶段男生和女生界限分明的真正原因，是来自与异性交往的不安与羞涩，这其中有对于自身发育的羞涩，也有对于别人关注自己的别扭等。

随着我们性发育渐趋成熟，接受并习惯了自己的身体变化，这种故意疏远异性的现象渐渐消失，我们会开始积极关注并接近异性，出现对异性的敏感和向往。

　　青春期少男少女的异性交往多半是对性心理合理的满足，是对异性神秘感和好奇心的释放，是向往异性潜意识的流露，是对个人魅力和异性反应的试探，是进入异性世界的初步体验，这与真正意义上的恋爱相去甚远。

　　疏离是正常的，向往和爱慕当然也是合情合理的，但由于我们的性心理远远不如性生理成熟得快，就很容易迷茫，这时候就需要通过学习，帮助自己应对新阶段的成长问题。

　　心理学上有一个词叫"异性效应"，它指的是如果异性间心理接近的需要得到了满足，会使人获得不同程度上的愉悦感，提高自己的智力活动水平和学习效率，取长补短、差异互补，能最大限度地发挥出每个人的潜能。

　　所以，接纳自己和异性接触的需求，比如在选座位时大大方方地坐在异性的旁边，也是不错的选择。

　　座位的选择让我们知道，青春期的变化体现在生活中不经意的行为中。对异性的好奇是一种自然的心理现象，我们知道男女有别，就要懂得尊重每一个人的不同，带着对异性同学成长变化的接纳、欣赏，充满自信地迎接美好的青春期！

第二节 接纳青春期出现的性好奇

> 进入青春期后，你是否发现自己对性这个话题产生了浓厚的兴趣呢？你可能会对很多性问题产生好奇。为什么会出现这样的现象呢？

其实，对性问题的好奇一直陪伴着我们。也许在你小时候，就问过很多类似的问题，比如"男孩和女孩的身体为什么不一样""我是从哪里来的"等。这都是对性问题的好奇。

这些对于性的好奇是性生理发育的必然产物，也是正常、合理的需求，无关人品。你现在所经历的，就是在青春期阶段对于性的探索，对性问题的好奇和探索是很多处于青春期的孩子们都有的非常正常的一种心理。

到了青春期，你可能想要了解更多的性问题，也在和好朋友的聊天中探讨了很多类似的话题，比如：男人和女人的身体有什么区别；阴茎为什么会勃起；月经是怎么回事；我的青春痘为什么比别人长得多……

处在青春期的你会对性知识表现出浓厚的兴趣，并且可能渴望从老师或者家人那里得到科学而正确的答案，解除由性引起的迷茫和困惑。

可是，很多家长虽然是过来人，但他们在成长过程中没有接受过科学的性知识，所以对于你的问题，他们也不知道该如何解答。于是，出于对你的爱护，家长可能会回避与性相关的话题。

但这样做显然挡不住你的性生理和心理变化，家长越是回避，你就可能越好奇，身体越是发育，你就越急迫地想了解自己和异性。

那么，该如何获得科学的性知识呢？

有以下三个途径：

1. 向老师询问

2. 自己阅读相关的书籍

3. 与家长交流

在这套图书中，你就可以学到很多科学的性知识。如果你的学校里有性教育课堂，你还可以积极向老师提出你的问题，得到老师的解答。当然，也有很多家长在了解了你的需求后，愿意与你共同寻找这些问题的答案。

学习科学的性知识对你的成长非常有好处。比如，有的同学在发育的过程中感觉身体不适，很担心自己患了某种疾病，如果能够知道性发育的科学知识，知道有些身体不适，像乳房的胀痛，可能是在性发育中非常正常的现象，就可以缓解不必要的担忧和焦虑。

所以，了解科学的性知识有助于破除性神秘感、消除紧张情绪，掌握科学的性知识，能促进我们的生理发育和心理健康，对你的一生都会产生深远影响。

科学知识就像预防针，可以增强你的免疫和抵抗力，帮助你应对各种错误的性信息。

除了产生性好奇之外，在青春期男女生都还可能产生一些性的欲望和需求。比如有些同学就有这样的困惑：

我最近特别喜欢看有关爱情的小说，好希望自己是主人公，我有时候会梦到自己和异性很亲密，我是不是有点心理不正常？自慰行为是不是不道德？我好担心家里人知道后骂我！

其实，只要青少年的生理发育正常，到了青春期一定会对性感兴趣，这是我们的生殖系统开始发育成熟的标志，也是人类繁衍后代的本能。

喜欢看有关爱情的小说，做有性内容的梦，出现关于性的幻想和憧憬，性欲强烈时还会有自慰行为，这都是正常的现象。

进入青春期后，有性欲望、性幻想、性冲动并不是不道德的，更不是心理不健康了。这时候，同学们既不能把性欲望和性冲动看作心理不健康的低级、下流想法和行为，也不能让欲望支配自己的言行，伤害自己或他人，随意突破道德规范甚至法律界限。

　　这就需要我们学习性知识，通过正确的方式、方法提高自我控制的能力，自尊自重，做一名文明健康、积极向上的学生。

　　性冲动的释放有许多方式，可以通过以下方法降低性冲动对生活的影响。

　　多参加户外活动，通过消耗体能来释放性冲动。

　　多参加内容积极、丰富的异性交往活动。

　　专注地做一些自己感兴趣的事情，可以转移自己对性的过分注意。

　　不看带有性刺激内容的书刊、视频或网站，避免过多的性幻想。

在人际交往中，我们也要避免因为自己的性好奇对他人造成困扰。

下面来看看小红的困扰：

小红最近遭遇了让她非常郁闷的事情，因为前两天有一个男生从她的书包里翻出了一片卫生巾，就拿出来大声宣传和开玩笑，这让小红觉得非常尴尬。并且，还有男生嘲笑她的胸很大，像中年妇女一样，这让小红觉得非常伤心。

随着青春期的到来，对异性的生理变化产生好奇是一种正常的心理状态，但显然小红班上的男生选择了一种不顾及他人感受的方式来表达。

无论个子高矮胖瘦、柔弱与否、是否使用卫生巾，都不该被嘲笑，这都是成长中我们每一个人的不同。因为身体差异而取笑他人，用和性相关的东西从他人身上取乐，都是特别不友好的做法。我们每个人都应该建立自己的隐私界限并尊重他人的隐私界限。

对于小红来说，我们可以鼓励她大胆地表达出自己的感受，并且回击这些嘲笑她的同学，让他们明白这种不当的表达给别人带来的伤害。而曾经嘲笑过他人的同学，则要认真审视自己的言行给被嘲笑者带来的心理压力。我们要尊重每个人的不同，对他人的不尊重是不友好的行为。

> 所以，请一定要注意，我们的性好奇本身没有错，但在表达和实践自己的性好奇时，一定要充分考虑到自己的言行是否会对他人造成困扰和伤害。在不伤害他人的情况下实践自己的性好奇，是我们对自己行为要求的底线！

第三章

青春期的人际交往

第一节 你了解自己在人际交往中的沟通模式吗

亲爱的同学你好，你有没有发现，随着年龄的增长，在人际交往中你会面临越来越复杂的问题，或者说，你经常会被人际关系中出现的问题所困扰？在这一节里，我们就一起来了解一下，我们究竟如何才能和别人更好地沟通吧。

说起沟通，语言是非常重要的沟通工具。你会使用它坦然地表达自己所处的状态以及内心的感受，做到充满善意地与他人沟通，从而获得和谐美好的人际关系吗？也许你对自己的认识并没有那么清晰，那么，让我们通过下面这个练习，探索自己使用语言的沟通方式吧。

假设有这样一个情景：吃完晚饭，你坐在沙发上看新买的课外书，妈妈在卫生间里洗衣服。当妈妈从卫生间出来，看到桌上没有收拾的碗筷时，就冲着你喊道："这么大的人了，不知道收拾一下吗，你真是又懒又自私！"

面对妈妈这样的表达，你将有四种角色的表达可以用来回应她，这四种角色分别是：豺狗、豺狗耳朵、长颈鹿耳朵、长颈鹿。这四种角色分别是怎么回应的呢？

豺狗说：我在学校学习了一天，我有多累你知不知道？你喜欢忙来忙去干家务，但是不要拿这个标准要求别人。为什么就不许别人歇一会儿呢？

豺狗耳朵说：我就看会儿课外书也要被埋怨和指责，真让人沮丧！

长颈鹿耳朵说：我有被尊重和休息放松的需要！

长颈鹿说：妈妈我感受到，您有被认可和有其他人分担家务的需要，而我有看课外书的需求，请让我先看一会书再帮您做家务吧。

看到这里，你发现这四种角色的表达有哪些内在的奥妙了吗？
让我们一起来归纳一下。

豺狗：它的形象是龇牙咧嘴、对外凶狠，所以它的回应方式就是怼回去，表达的意思就是所有的问题都是别人制造的，跟我没关系，我也不需要负责任。

这种表达方式的特点就是使用起来没有任何难度，所以很多人都在用，但是这种表达往往会带来不好的结果，一般都会导致双方争吵起来，甚至会破坏两个人之间的关系。

豺狗耳朵：它的形象是对自己很凶狠，所以它的回应方式是总在怪罪自己，表达的意思是造成现在的结果都是我的错，我这个人太糟糕了！

这种表达方式的结果就是把问题都归咎在自己身上，容易让自己掉进自责、不自信的情绪里出不来，这样就会在自己情绪很低落的时候很不情愿地帮妈妈收拾餐桌，结果导致双方都很不高兴。

长颈鹿耳朵：它的形象是对着自己，倾听自己内在的需求，所以它的回应方式是在试着理解自己，针对目前这个情况，我自己有什么需求？

这种表达方式使用起来是有一定难度的，因为它需要一个人有对自己同理的能力，并且对自己的需求有能力自给自足，期待但却不完全仰仗别人给予。当一个人用这种方式回应时，就能够表达出自己的真实需求，并在心里默默地期待妈妈的理解。

长颈鹿：它的形象是站得高，有广阔的视野，能看到全局，有力量却也很温柔。所以它的回应方式是说出自己的感受，并且完全理解别人的需求。

这种表达方式使用起来也是有难度的，因为它需要我们在面对情绪的时候，有能力把自己从当下这件事中完全抽离，去理解别人。而当我们用这种方式回应时，需要做到既知道自己的需求，又了解妈妈的需求，并且明确表达出自己的请求。

相信你已经发现，不同的沟通方式会让事情向着不同的方向发展。

那么，请你感受一下，在上面提到的四个角色里，你经常会扮演谁，最爱使用谁的表达呢？而谁的表达是你最喜欢的，未来你又想成为哪个角色呢？

豺狗 ☐

豺狗耳朵 ☐

长颈鹿 ☐

长颈鹿耳朵 ☐

相信对于第二个问题，我们给出的答案是一致的：我们都希望做温柔又有力量的长颈鹿，因为它代表了在人际关系中最受欢迎的善意沟通方式。

不过，这也许是你从来没有使用过的沟通方式，甚至可能都没有听别人这样说过。没关系，在后面的内容里，我们可以一起学习，成为可以像长颈鹿那样沟通的释放善意的人！

第二节 如何在人际交往中理解对方

亲爱的同学你好，相信通过学习上一节的内容，你已经了解了善意沟通给人际交往带来的益处。其实，善意沟通在改善人际关系的同时，也会让我们自己成为最大的受益者，那我们到底要怎么做才能让自己学会善意沟通呢？

善意沟通有四个步骤：

1. 观察某个特定情境中发生了什么。

2. 明晰自己和对方的感受是什么。

3. 确认自己和对方的需求是什么。

4. 就自己和对方期待发生的事情提出请求。

这四个步骤看起来很简单，但做起来并不容易，因为它与我们很多人通常的做法不太一样。对大多数人来说，它都是一种全新的理解人类动机和行为的方式，那我们来具体解析一下要怎么做到吧！

> 善意沟通的第一个要素就是"观察"，我们要做到的是真实的观察对方，不带个人分析、判断和批评，简单来说就是做到尽量客观。

我们要仔细观察正在发生的事情，并如实地说出观察结果，我们要看到事情发展的动态，不要去预设事情的结果一定会怎么样。如果我们将观察和评论混为一谈去表达出来，接收的人会更倾向于听到批评。你可以换位思考一下，如果自己被批评了，你会有怎样的感觉呢？你是不是会感觉很不舒服，不愿意听，甚至会产生逆反心理？

其实大多数人面对批评都是这样的感受，所以批评往往会对两个人的沟通产生负面影响。

那我们要怎么避免对他人的评论甚至是批评呢？
也许这首诗可以帮助你理解观察结果和评论的区别：

> 我从未见过懒惰的人。
> 我见过有个人有时在下午睡觉，
> 在雨天不出门，
> 但他不是个懒惰的人。
> 请在我胡言乱语之前想一想，
> 他是个懒惰的人，
> 还是他的行为被我们称作懒惰。
>
> ——鲁思·贝本梅尔《懒惰与愚蠢》

使用懒惰这样的形容词，表达的是我们自己的观点、评判，不是对客观现实的描述。

❓ 那什么是观察结果呢？

"有时在下午睡觉，在雨天不出门"是我们观察到的具体行为，这才是客观事实。但这些事实能说明一个人懒惰吗？不能，因为我们只是观察到了这个人"有时下午睡觉"和"雨天不出门"的事实，而这些事实不能证明一个人懒惰，如果你觉得他懒惰，那只是你的观点和评判。

我们再来试试，通过以下的练习，看看你是否可以熟练区分观察结果和评论？

○ 观察 ○ 评论	1. 哥哥昨天无缘无故地对我发脾气。
○ 观察 ○ 评论	2. 昨晚妹妹在看电视时啃指甲。
○ 观察 ○ 评论	3. 出去旅游前家里人没有问我的意见。
○ 观察 ○ 评论	4. 我的爸爸是个好人。
○ 观察 ○ 评论	5. 我的学习时间太长了。
○ 观察 ○ 评论	6. 小 A 很霸道。
○ 观察 ○ 评论	7. 本周小 B 每天打饭都排在最前面。
○ 观察 ○ 评论	8. 弟弟经常不刷牙。
○ 观察 ○ 评论	9. 朋友告诉我，我穿黄色衣服显得肤色很白。
○ 观察 ○ 评论	10. 姑姑在和我说话时爱发牢骚。

你的答案是什么呢？现在揭晓正确答案：在这10句话中，第2、第3、第7、第9句是观察结果，其他是评论。我们来具体分析一下，为什么其他6句表述是评论。

"哥哥昨天无缘无故地对我发脾气。"

　　"无缘无故"是你的感受，哥哥发脾气一定有他背后的原因。同时，"哥哥发脾气了"也是一种评论，他可能是在表达自己的害怕、悲伤或是某种情绪变化，而你感受到的是他在发脾气。所以我们可以试着改说"哥哥告诉我，他生气了"，或"哥哥告诉我，他心里很烦躁"，或"哥哥用拳头砸了一下桌子"，这样就是在陈述客观事实了，是观察的结果而不含评论。

"我的爸爸是个好人。"

　　"好人"是你的评价，好是一个形容词。如果想描述客观事实，要具体说出爸爸做了什么事情，让你认为他是好人的行为。比如，可以改说："我爸爸每年坚持资助贫困孩子上学。"

"我的学习时间太长了。"

多长时间算长呢？时间长是一种主观感受，而没有客观评价标准。更客观的描述可以是："我这周每天放学回家都学习超过3小时。"

"小A很霸道。"

笔归我了

"霸道"是一个形容词，什么样的行为应被称作霸道呢？对于具体行为的描述可以是："小A已经抢走我3支笔了。"

"弟弟经常不刷牙。"

"经常"是一个不确定的描述，在进行事实描述时，要用具体数字来描述真实发生的情景。比如这句话可以修改为："弟弟已经两天没有刷牙了。"

"姑姑在和我说话时爱发牢骚。"

"爱发牢骚"也是我们从自己感受出发作出的判断，事实描述是要说明姑姑的行为，比如可以改说："这个礼拜姑姑三次跟我聊天，每次都说别人不理解她。"

嗯~

相信你会发现，当我们陈述客观事实时，就可以用更平和的心态看到事情真实的一面。所谓的真实观察对方和客观的描述，就是要陈述对方正在或已经做的事情，复述他人说过的话，不把自己的推测、预测当作可能。

描述中尽量不使用形容词和副词，比如"无缘无故""好人""太长了""霸道""经常""总是""从不""很少"等类似的词语。

无缘无故、好人 ✗

总是、从不、很少 ✗

这些形容词和副词很容易让人觉得言过其实，从而出现逆反心理，不愿意做出友善的回应。

所以，如果想在人际交往中理解对方，就要首先清楚自己的感受，而不是沉浸在自己此时的情绪中，或被自己的情绪所影响。

在了解了这些以后，尝试在自己的沟通中运用吧，效果也许会让你很惊喜哦！当然，关于善意沟通，我们还有更多需要做到的，在后面几节中还会继续讲解。

第三节 如何在人际交往中清晰体会自己的感受

亲爱的同学你好，我们在第一节中说到了人际交往中非常重要的一点，就是要做善意的沟通。而善意沟通的基础就是我们要通过客观的观察去理解对方，而不是简单进行评论甚至是批评。但除了理解对方以外，在人际交往中清晰体会自己的感受其实也很重要，因为当我们自己的感受被忽视、不能被理解的时候，我们会觉得非常委屈，进而产生很多负面情绪，对自己和人际交往都会产生负面的影响。

所以，接下来我们就来说说沟通的第二个要素——"感受"。什么叫感受，如何体会到自己的感受？我们先来看下面这个小故事。

在一节课上，老师让同学们完成一道练习题，这时老师发现小雨开始在自己的课桌上来回翻找，还想要和前后桌的同学说话，于是老师走过去问小雨发生了什么事情。小雨说："小文总是藏起我的文具，让我上课时没有笔可以写字。"

小雨　　小文　　老师

当小文藏起你的文具，你的感受是什么呢？

我觉得同学之间要团结。

虽然你用的是"觉得"这个词，但你表达的是你的看法，而不是你自己的感受。你再试着感觉一下，发生这件事，你的感受是什么呢？

藏起别人的笔，别人学习就不方便了。

这还是看法，不是感受，你再试试？

嗯……我没有什么感受！

对于小雨和老师的对话，你是怎么看的呢？你觉得小雨这时内心有感受吗？显然，小雨有着强烈的感受，只是她没有体会到，或者不知道要怎么表达出自己的感受。

其实，体会和表达感受并不容易。我们在说话时经常会用"我觉得"，但这常常并不是在表达感受，而是在表达想法。那要怎么区分感受和想法呢？

"我觉得我学习很差！"

这是一个自我评价的句子。在这个句子中，我评价自己学习很差，并没有表达感受。

而如果想要表达感受，我会说：

考试不及格

这次考试没有及格，我有些失落。

这道题我思考了半个小时还做不出来，我很郁闷。

默写单词错了一半，我烦透了。

因为学习中出现了这些情况，我可能会失落、郁闷、烦躁，这才是内在的感受。

下面我们就试着做一下判断，来区分一下下面的表述哪些是感受，哪些是评价。

○ 感受 ○ 评价 ┊ 1. 我觉得你不爱我。

○ 感受 ○ 评价 ┊ 2. 你要转学了，我很难过。

○ 感受 ○ 评价 ┊ 3. 当你说那句话时，我感到害怕。

○ 感受 ○ 评价 ┊ 4. 如果你不和我一起玩，我会觉得你不在乎我。

○ 感受 ○ 评价 ┊ 5. 你能来我很高兴。

○ 感受 ○ 评价 ┊ 6. 你真可恶。

○ 感受 ○ 评价 ┊ 7. 我想打你。

○ 感受 ○ 评价 ┊ 8. 我觉得我被人误解了。

○ 感受 ○ 评价 ┊ 9. 你帮我的忙，我很开心。

○ 感受 ○ 评价 ┊ 10. 我是个没有用的人。

你的答案是什么呢？现在揭晓正确答案：在这 10 句话中，第 2、第 3、第 5、第 9 句是在表达自己的感受。

你有没有发现这四句话有什么共同的特点呢？就是都有一些明确表达情绪的词语。

比如"难过""害怕""高兴""开心"。

那其他的六句呢？我们来一一分析一下：

"我觉得你不爱我。"

也许你会觉得，这句话是在说"爱"，爱也是一种感受呀？但当你仔细看这句话就会发现，这句话是在评价"你"是否爱"我"，而不是说"我"是否有爱的感受，所以这句话也是一个评价，而不是自我感受的表达。而如果你说："看到你做了这件事，我感到很伤心很痛苦。"这就是在表达一种感受了。

你不爱我

"如果你不和我一起玩，我会觉得你不在乎我。"

"你不在乎我"，是一种推断和评价，如果想表达感受，可改说："如果你不和我一起玩，我会感觉很难过。"

不和你玩了

你不在乎我

"你真可恶。"

这是对他人的指责，如果想表达感受，可改说："你抢我的东西时，我会感觉很害怕。"

可恶

"我想打你。"

这是一种对自己行动的表达，如果想表达感受，可改说："你这么做时，我会感觉很生气！"

欠揍

"我觉得我被人误解了。"

"被人误解"也是一种推断，如果想表达感受，可改说："当别人表达出不理解我时，我会感觉很委屈。"

她怎么这样……

说我呢？

"我是个没有用的人。"

"没有用"是一种典型的评价，如果想表达感受，可改说："每当我做不出习题时，我会觉得很沮丧。"

其实，在生活中，除了"开心""伤心"这些简单词语以外，我们还可以用更丰富的词语来表达自己的感受，比如"我感觉到很温暖、很幸福、很感动"等。

我们在生活中要善于发现和积累这些能够表达自己感受的词语，这样才能更清晰地进行自我表达，让他人理解自己的感受、情绪。而如果你在生活中通常只用"很好""很差"这类单一的词语来表达，就很难让别人真正理解你。

善意沟通时，我们主张使用具体的语言，这里就给出一些具体的例子。在我们的需求得到满足时，如何表达自己好的感受呢？我们可以使用这一类的词语：

兴奋　　喜悦　　欣喜

精力充沛　　甜蜜　　兴高采烈

你还能想到哪些词语？请写下来：

而当我们的需求没有得到满足时，如何表达自己不好的感受呢？我们可以使用这一类的词语：

害怕
担心
焦虑
着急
紧张

你还能想到哪些词语？请写下来：

相信当你掌握了这么多表达自己感受的词语时，你就可以更清楚地表达自己的感受，从而使沟通更为顺畅。

你还记得那个总是被藏起文具的小雨吗？你可以尝试帮她找到适合表达自己感受的词语吗？

你找到的词语也许是"担心"，也许是"愤怒"，还可能是"生气"，当小雨能够体会到自己的这些感受并且表达出来时，才能不被情绪左右。在人际交往中，如果知晓自己的感受和需求，而不是仅在情绪控制不住时进行简单地发泄，我们的人际关系就会变得更和谐。

在善意沟通中最重要的一点就是，我们要在知晓自己需求和满足自己需求的时候，尽量做到不影响和伤害别人，而能够真实体会和表达自己的感受就是其中最为重要的一环。

第四节 如何在人际交往中明确表达自己的需求

小佳被老师破格录取进了学校篮球队，这引发了篮球队一些成员的不满，副队长甚至公开说："小佳不行，老师录取他就是黑幕！如果他能一场进5个球，我就脱下这身篮球服！"副队长的言论获得了很多队员的附和。面对这样的压力，小佳并没有选择直接反驳，而是笑着回应道："那我就每场都进4个球吧！"

你是否也被小佳在沟通中表现出的机智和幽默所折服？

> 其实，在人际交往中，我们难免遇到有人说出不中听的话。而面对这些话，我们一般可以有四种选择：

❓ 第一种：自责。

认为自己犯了错。当副队长说小佳被录取是黑幕时，他也许会想："我太差了，我也许会连累队友的。"

❓ 第二种：指责对方。

小佳可以生气地说："你这是侮辱人，你看不起我！"

❓ 第三种：了解自己的感受和需求。

小佳之所以没有表达出愤怒而是幽默应答，是因为他知道自己的需求，他希望在人际关系中做到彼此信任、互相接纳，希望被尊重，实现自己的梦想，展现自我价值。

第四种：用心体会他人的感受和需求。

小佳在想："副队长之所以这样说，也是担心球队的成绩吧。"小佳理解队友的担心，也明确地知道自己的需求，所以他之后更加刻苦训练，慢慢获得了队友的认可。而在沟通时适当示弱有助于化解冲突。小佳不仅幽默回应了副队长，也顾及了他的面子。

在人际交往中，我们要学会表达自己的需求。很多时候，我们对他人的批评实际上是在间接地表达我们的需求，但批评会引发彼此的矛盾、破坏人际关系，所以更好的方式是你把自己看到的事实平静地讲出来，并且告诉对方你的感受，明确表达自己的需求，减少对方的误解。

请你看看下面这些句子，你认为哪些能够表达出自己的真实需求呢？

1. 妈妈没有给我准备生日礼物，太令我失望了。〇

2. 你这么说我很紧张，我需要被尊重。〇

3. 你来得这么晚，让我很郁闷。〇

4. 爸爸妈妈又吵架了，我很难过，我希望家里人是和睦的。〇

5. 我很伤心，因为朋友没有做他答应我要做的事情。〇

6. 我很沮丧，我希望我的学习能有很大进步。〇

7. 朋友叫我的外号，让我很难过。〇

8. 你得奖了，我很高兴。〇

9. 你的嗓门那么大，吓死人了。〇

10. 你把彩笔借给我，我很感激，因为我希望能在课堂上完成美术作品。〇

你的答案是什么呢？现在揭晓正确答案：在这10句话中，第2、第4、第6、第10句是在清晰地表达自己的需求。

那么，其他几句应该如何修改，才能清晰表达自己的需求呢？

"妈妈没有给我准备生日礼物，太令我失望了。"

妈妈的行为是否一定会导致你失望的感受呢？你真正的需求是什么，怎样表达才能让妈妈明白呢？从这个角度思考，我们可以做出这样的修改："妈妈没有给我准备生日礼物，我有些失望，因为我希望妈妈能满足我被爱的需求。"

"你来得这么晚，让我很郁闷。"

这句话有指责对方的意味，更好的表达是："看到你来晚了，我感觉很郁闷，因为我希望你能看到电影的开头。"

"我很伤心，因为朋友没有做他答应我要做的事情。"

可以改说："朋友没有做他答应我要做的事情，我感到很伤心，因为我希望我们可以彼此信任。"

"朋友叫我的外号，让我很难过。"

可以改说："朋友叫我的外号，让我很难过，我希望得到尊重。"

"你得奖了，我很高兴。"

可以改说："你得奖了，我很高兴，因为我希望你能有机会展现自己的才华。"

"你的嗓门那么大，吓死人了。"

可以改说："听到你大声说话时我有些烦躁，因为我需要一个安静的学习环境。"

相信通过以上的练习，你会发现，当我们可以明确表达自己的需求时，就会更容易得到对方的理解。当然，需要在生活中反复地练习才能够真正做到这点。

学到这里，相信你已经掌握了人际沟通中一些非常重要的原则和方法，不过这些方法更多地集中在自我需求的表达上，那么我们如何在人际交往中通过一些沟通技巧促使对方做出改变呢？

让我们在下一节中共同学习吧！

第五节　如何在人际交往中得到积极回应

亲爱的同学你好，在前面几节中，我们了解到了在人际交往中表达出自己的观察结果、感受和需求的重要性以及一些具体方法。

那么，如果我们在这样的沟通之后，进一步希望得到他人的理解与帮助，或者想让对方做出改变，我们要以什么样的方式提出请求才容易得到积极回应呢？

首先

要清楚地告诉对方，我们希望他做什么，越具体越好。要想清晰地表达，就要先清楚自己的需求，然后还要能够找到合适的语言表达出来。我们对自己内心的需求认识得越清楚、表达得越清楚，我们就越可能得到称心的回应。

当然

我说明白了吗？

表达请求后别忘了听听对方的反馈，我们的意思和他人的理解有时候可能是两码事，如果无法确定对方是否已经明白，我们可以尝试得到对方的直接反馈，比如问一句："我说明白了吗？"请对方复述自己的表达，然后听听对方的理解。

不过

有时候你可能会得到这样的反馈："我已经明白了，我没那么蠢！"这时就需要我们体会对方的感受和需求，反思一下为什么对方会觉得不舒服甚至是愤怒，是不是我们在表达中有对对方的批评，或者没有表达出足够的尊重？

> 我已经明白了，我没那么蠢。

主要有两种可能：

一种可能是你这时的询问有高高在上的感觉，问的时候让对方觉得不被信任。用不同的语气、语调说同样的话，也会给人带来不同的感觉。如果你把对方放在平等的位置上，不带任何负面情绪，友善地交流，通常不会让对方有这种感觉。

> 你不信任我！

> 我说明白了吗？

另一种可能就是在你问这个问题之前，你的表达已经让对方感到不舒服了，这时你可以参照前几节的内容，看看自己在表达中是否做到了客观描述、不指责对方、能够看到自己和对方的需求并表达出来。

那么，让我们进入表达请求的部分。如何做到明确表达自己的请求呢？

我们还是通过一个小练习来体会一下。

下面就请你试着判断一下，下列哪些句子提出了明确的请求？

1. 我希望你理解我。○

2. 请告诉我，在我做的事情中，你最满意的是哪一件。○

3. 我希望你更加自信。○

4. 不要再玩手机了。○

5. 请让我成为我自己。○

6. 春节你想去哪里玩，说一个你的建议。○

7. 我希望你能够在课堂上完成作业。○

8. 我想更好地了解你。○

9. 我希望你尊重我的个人隐私。○

10. 我希望你经常运动。○

你的答案是什么呢？现在揭晓正确答案：在这10句话中，第2、第6、第7句是在明确提出自己的请求。

"理解""自信""成为自己""尊重""隐私""经常"这样的词语可能在不同的人心中有不一样的定义，所以在使用这样的词语时，很可能无法让对方明白你的请求到底是什么，或者让对方不知道到底该如何做出调整。那么，正确的表达应该是什么样的呢？

比如

当你说"我希望你理解我时"，对方怎样做才能够证明自己理解了你呢？这样的表述显然会让对方一头雾水，即使他想满足你的请求，也不知道该怎么做。所以，当你感觉对方不理解自己时，可问对方："你是否能告诉我，你认为我刚才说的是什么意思？"

这样的表达可以用来确认对方是否真的理解自己，如果对方的阐述和自己的想法不一样，就可以向对方说明自己的感受或者自己想表达的到底是什么意思，来帮助对方真正做到"理解我"。

再比如

当你听到爸爸妈妈说"不要再玩手机了"，你有什么感受？你是否会觉得父母想要控制你，所以你会感到很愤怒？为什么你会产生这样的感受呢？是因为这句话虽然表达了家长希望避免发生的事情，但表达得并不明确，没有说明到底不希望你什么时间使用手机，不希望你用手机做什么等。家长想要表达的可能是希望你控制玩手机游戏的时间，但当表达不清晰的时候，就容易造成你的误解，让你认为自己使用手机的权利被完全剥夺了。

善意沟通的目的，不是为了让对方完全成为自己希望的样子，而是希望通过改变对方的一些行为和想法，让人与人之间的关系更加融洽。我们虽然不能期待所有人都使用善意的沟通方式与自己交流，但我们可以从自己做起，自己先主动使用这种方式进行沟通，这样也会潜移默化地促进身边的人改变沟通方式。

比如

如果父母对你说"不要再玩手机了"，我们如何通过善意的沟通方式来回应呢？我们再来回顾一下，善意的沟通就是在沟通中诚实地表达自己，不是批评或指责，而是用心聆听他人的话语，观察某个特定情境中发生了什么，明晰自己和对方的感受，确认自己和对方的需求，然后就自己和对方的期待提出明确的请求。

善于沟通

所以你可以试着这样说："我听到您刚才说让我不要再玩手机了（观察结果），我有点委屈（感受），我希望能有自己与朋友交流的时间（需求），您能告诉在什么条件下我可以使用手机吗（请求）？"

总结起来就是
四个重要的要素

> 观察结果
>
> 感受
>
> 需求
>
> 请求

　　尊重他人的感受，说出自己的需求，尝试理解别人，满足彼此共同的需求。只要我们带着这样的愿望，在生活中不断地尝试，给自己一点时间，多一点练习，你会发现自己善意沟通的能力越来越强，你也将在这个过程中对自己有更深入的了解，获得更多幸福。

　　相信你一定会在善意沟通中，心中装着对他人满满的爱，用语言表达你的爱，获得你所希望的生活状态。这样，你就能站得像长颈鹿一样高，从而获得广阔的视野，能看到全局，有力量的同时也能温柔地对待自己和他人。

当你尝试改变习惯性的表达方式，也许会得到善意沟通带来的惊喜哦！

青春期人际关系的安全

第一节 人际关系中的冒犯

亲爱的同学你好，随着年龄的增长，人际交往的内容逐渐丰富，活动空间也将逐渐增大，必然会与更多的人接触，要独立面对一些事情。面对人际关系中的冒犯，我们应该怎样做呢？

假设你就是当事人，请你给以下事件可能给你带来的不舒服的感觉做个评估，如果10分表示无法忍受，0分表示完全不在意，你会怎样评估呢？请把对应的分数圈出来。

在你的生活中发生过下面这些事情吗？

1.在一次班级郊游活动中，小鹿推了你一下，导致你摔了一跤。

1	2	3	4	5	6	7	8	9	10

还给你

2. 期末考试前，小华借了你的笔记本复印，当他还给你时，你发现笔记本的封面被撕掉了。

1	2	3	4	5	6	7	8	9	10

3. 正值生理期的你正准备从书包里取出卫生巾去洗手间，男生小明在一旁不停地问你在找什么，还凑近看你的书包。

1	2	3	4	5	6	7	8	9	10

4. 班级计划组织排球比赛，由于你个子不高，不太愿意参加，这时小江对你说："小不点儿，你也来蹦哒蹦哒！"引得同学们哄堂大笑。

1	2	3	4	5	6	7	8	9	10

5. 同学们在背后议论你，说你和某名异性同学是"一对"。

1	2	3	4	5	6	7	8	9	10

　　以上这些行为可以统称为冒犯，冒犯就是指在言语或行为上没有礼貌，让对方觉得心里不舒服。这些事情看起来很小，但给当事人带来的影响可不见得小。

　　你可以和自己的同学或好朋友一起来做这个练习，你也许会发现，大家评估的分数各不相同。这是因为不同的事件给不同人带来的心理体验是不同的。也许你觉得无所谓的事情，别人遇到了会因感受到人身权利受到侵犯而极度不舒服，当然也许别人不在意的事情，对你的影响却很大。

　　　　但可以肯定的是，冒犯他人会给我们的人际交往带来不和谐的因素。那面对这样的情况，我们应该如何应对，保护自己的权利不受侵犯，同时也避免伤害到他人呢？

　　其实，在每个人的人际交往中，可能都或多或少遇到过这样的情况，就是有些人会因为言语或行为没有礼貌冒犯了对方，这时可能给对方带来的伤害有几种。

分别为：

身体伤害：使他人身体受伤。

言语伤害：使他人心里不舒服或感到受伤害。

财物伤害：造成他人财物损失。

名誉伤害：造成他人名誉受损。

他这个人……

隐私伤害：使他人的隐私权受到侵犯。

你可能曾经被别人冒犯，也可能曾经无意中冒犯过别人。现在请你努力回忆印象比较深刻的，发生在自己或是其他同学身上的与冒犯相关的事情，并简单地写出来，也许不止一件，请尽可能多地回忆出这些事情。

你也可以和自己的好朋友一起来做这个练习，这样你们就能找到更多的冒犯事件来进行分享和讨论，并且可以一起尝试给这些事件按照冒犯的意图来进行分类。按照冒犯的意图，我们可以将冒犯分为无意冒犯和有意冒犯。

我们先来讲"无意冒犯"。无意冒犯也就是在非主观故意的情况下，给对方造成的不尊重、不舒服的感觉或伤害。

下面这个小故事就是关于无意冒犯的：

比如，你考试才考了 80 分，正在很伤心的时候，同桌突然感慨了一声："我怎么才考了 95 分！"这时你会感觉到被冒犯，但同桌只是在感慨自己的成绩，并不是有意冒犯你。

再比如，班里正在谈论对于离婚的看法，刚好处于离异家庭的同学可能感觉到被冒犯，但这并不是谈论者的本意。

以上两个例子中发生的就是一种无意冒犯。

而"有意冒犯"，指的就是一种主观故意的表达，用歧视和攻击对方的态度和语言，给对方带来不被尊重的感觉，让对方感觉到被伤害。

比如歧视他人，讲对方坏话，故意拿走、藏起对方的东西，或者言语暴力、肢体暴力等校园欺凌的行为，都属于有意冒犯。

下面，让我们一起来学习，面对无意冒犯和有意冒犯应该如何判断和应对。

第二节 人际关系中的无意冒犯与应对

亲爱的同学你好，在上一节中我们共同了解了在人际关系中可能出现的冒犯。在这节中，我们就来重点关注"无意冒犯"。

无意冒犯是在非主观故意的情况下，给对方造成的不尊重、不舒服的感觉或伤害。那么，无意冒犯具体包括哪些情况呢？

1. 说话者表达方式选择不当

言语上的无意冒犯大多是因为说话者表达方式选择不当造成的。我们经常说"说者无心、听者有意"，说话者本身并非想攻击对方，但听话者却因为这些表达觉得很不舒服，就会将其解读为一种冒犯。

在这一方面我们要注意的是，言语表达要符合社会规范，有时候词语选择不当也会让人感到冒犯。

同样是右图的这个人物形象，你愿意选择哪个词语描述他呢？"壮"还是"肥"？

同一个人，不同的词语会给他或她带来不一样的心理体验，而在中国的文化背景下，大多数人是不喜欢听到别人说自己"肥"的。

2. 说话者表达时机不当

一样的表达内容放在不一样的场合中，会有截然不同的结果。比如，我们前面提到一个场景，班级计划组织排球比赛，由于你个子不高，不太愿意参加，这时小江说："小不点儿，你也来蹦哒蹦哒！"引得同学们哄堂大笑。

这一声"小不点儿"引起了大家的哄堂大笑。可能你一直觉得个子小是自己的一个弱点，而小江的这一句话就会使你很尴尬，甚至会觉得愤怒，尤其是他这句话是当众说出来的，你就会产生更大的不适感。也许小江觉得个子小很可爱，并不是有意讥讽，但这个表达的时机显然是不合适的。

而如果这时排球队里需要一个自由人，这个位置恰巧需要的是灵活的小个子队员，小江在表达出这个意思的同时说出"小不点儿"这样的词，也许就不会给人带来冒犯的感觉。

3. 不当行为造成冒犯

我们之前提到这个场景：期末考试前，小华借了你的笔记本复印，还给你时你发现笔记本的封面被撕掉了。

这样的结果是由小华的行为不当造成的，比如在复印的过程中过于用力了，或者在携带时没有精心保护。如果他并不是主观故意毁坏笔记本，都可以归到无意冒犯的范畴。

行为上的无意冒犯在生活中也时有发生，比如，有时候我们不小心碰倒了别人的水杯，碰坏了别人的文具，也会给别人造成不同程度的麻烦，让对方心里不愉快。

这时虽然发生了意外，但千万不要忽略这个意外给对方造成的影响。我们要如实告诉对方原因，并且真诚地道歉，争取对方的理解和原谅。

4. 忽视言语与行为表达中的性别差异

我们在前面讲到过，男生女生在生理和心理层面都有一定的性别差异。而如果我们忽视了男生女生在言语与行为表达中的性别差异，也可能会造成冒犯。

类似的事件在生活中并不罕见。有时候同学们在一起做游戏，一不小心男孩碰倒了女孩，女孩就哭了起来。这时男孩也许觉得很无辜："我没使劲啊，你也太娇气了！"

但我们知道，男孩可能比女孩更有力量，也许在自己觉得没太用力的情况下就会导致对方摔倒。而女孩善于情感表达，在觉得委屈、疼痛或是受伤的时候，更容易用哭来表达。

而如果双方能够互相理解这种差异，也就更能理解对方的表达并没有任何夸张的成分。

相信你了解以上内容后，会更加注意避免自己对他人造成无意的冒犯。而如果因为自己的过失发生了冒犯他人的行为，应该马上停止冒犯，真诚道歉，解释原因，请求原谅，并尽量避免同样的事情重复发生。

而当我们自己被无意冒犯后，在理解对方并没有主观故意后，也可以及时表达自己的感受。

　　有很多人觉得，既然对方不是故意的，我是不是就不应该表现出不开心？其实这种想法是不对的，无论对方是否主观故意，我产生的不舒服感觉或受到的伤害是真实的，那我就有权利表达出来。

　　但是，和有意冒犯不同，面对无意冒犯时，考虑到对方也是不小心或是没有意识到，我们应在表达中避免指责对方，只要表达清楚自己的感受就好，同时让对方了解自己的语言或行为的确给他人造成了困扰，促进对方改变，避免无意冒犯再次发生。

第三节　人际关系中的有意冒犯与应对

亲爱的同学你好，在上一节中我们共同学习了无意冒犯的不同情境及应对的方式。在这节中，我们来重点解析"有意冒犯"。

在生活中，有意冒犯也时常会出现，我们要知道，不论任何人出于任何目的的有意冒犯，都是对他人的不尊重，是侵犯他人权利的行为。

那么，有意冒犯有哪些具体情况呢？

1. 各种形式的歧视

生活中人们不经意流露出的歧视有很多，歧视就是不公正的区别对待，这是由人们的偏见引起的。

你别参加合唱了！

比如，学校举办合唱活动，有同学说唱歌跑调的同学就别参加了，这样的行为就剥夺了一部分同学参与文娱活动的权利，给他们造成心理的挫败感，这就是对他们的有意冒犯。

你看她的脸……

比如，进入青春期，有的同学发育早，比班上大多数同学更早出现了第二性征、青春痘等生理现象。有的同学指指点点，取笑其身体特征，这也是对别人的有意冒犯。

2. 与青春期变化有关的冒犯行为

再比如进入高年级，我们经常会听到同学们指指点点说某某和某某是"一对"之类的话题，有些男孩还会对已经发育女孩的生理变化产生好奇，出现翻看女生书包里的卫生巾、碰触女生胸部、用手拉女生文胸带子等行为，让当事人很尴尬，感到被冒犯。

对于青春期和异性的好奇是同学们在成长中必然会经历的心理探索过程，因为性意识的萌发，促使青少年对生理变化和异性产生了很大的兴趣，并很关注一对一的亲密关系。

但如果因此认为别人之间具有亲密关系，去议论、传播甚至起哄，干扰到他人正常学习生活，都将成为有意冒犯。

同时，好奇异性的生理变化也是一种正常的心理状态，但是如果不尊重异性，只是出于自己的好奇去窥探、传扬、议论，或是不经他人同意碰触女生私人物品等，就是有意冒犯的行为。

3. 对社会规范的忽视

文明社会有着丰富的公共秩序与善良风俗，作为公民，我们应不断地学习掌握，让自己成为一个适应社会的人。对公序良俗的破坏就是对别人的冒犯。

在进入青春期后，很多青少年开始对事物有自己独特的想法，但是如果这些想法有极端倾向，甚至是违反道德准则，比如认为打架、恃强凌弱是很正常的，那就会带来很多问题。

研究发现，男孩比女孩更可能在处理矛盾时动用武力。

咱们不跟她玩

而女孩则更可能通过有意孤立自己不喜欢的同伴的形式来冒犯他人。

而无论是武力还是有意孤立，都属于有意冒犯。

4. 不公平对待儿童

儿童拥有和成人一样的被尊重和被保护的权利，每一个公民的社会地位都是平等的。有的成年人忽视儿童的权利，依仗自身优势不公平对待儿童。有媒体曾经报道过，有的大人在排队时故意在小孩子前面"加塞儿"，损害他人利益，这就是一种有意冒犯的行为。

> 我赶时间，让我先来吧！

那么，面对这些有意冒犯，我们应该如何应对呢？

当我们面对有意冒犯时，最好的应对方法不是生硬地"怼"过去，因为这样很有可能让事情变得更糟糕。而如果我们忍气吞声，则可能会助长有意冒犯的行为，甚至可能升级为伤害更大的欺凌行为。

在一场校际运动会上，A学校的男足和女足队伍双双输给了B学校。比赛结束后，A学校的领队主动找B学校的领队握手，说了句："你们运气真好！"

其实，这是一种不认可B学校运动队伍实力的不友好的话，但面对对方的有意冒犯，B学校领队则是有礼貌地伸出手，对A学校的领队说："谢谢您，运气一般留给做好准备的人！"

这一回复让对方哑口无言。你从中学到了什么？

当你面对有意冒犯时，无论冒犯你的人是谁，请一定相信你是值得无条件被爱的。如果有人冒犯你，无论是无意还是有意，你要知道这都是他们的行为给你带来的困扰，并不是因为你出了什么问题。你越是对自己满意，越是坚定，越不会被他人的冒犯伤害到，你越能从中找到属于你自己的尊严。

> 人无完人，无论是相貌、能力还是性格，每个人都有自己的局限。看到自己的优势，认可自己的特点，你就是最强大的！

同时，请一定要坚守你自己的权利！我们每个人生来就具有被平等对待、被尊重的权利，这个权利不是成人赋予的，也不受任何条件限制。

面对冒犯，你可以积极回应，坚定而自信地表示拒绝，表明自己的立场。

如果有成人在你前面插队时，及时制止是你的权利，你还可以利用周围人的力量，比如借助工作人员、同行大人或者排在你后面，利益同样受损的人的力量，这会让你更安全地保护自己的权利，避免受到伤害。

别插队！

最后，你可以尝试关注冒犯事件的积极意义。

积极应对生活中的有意冒犯，看到这件事中可能会蕴含的好的一面，而不是沉浸在愤怒等消极情绪之中。当有人说你和某某是"一对"这样的话题时，我们虽然知道这是青春期学生经常会讨论的话题，但是难免感到困扰，而如果你从下面的角度思考，也许会有不一样的情感体验。

比如，自己是一个在某些方面优秀的人，所以会被大家关注，你可以继续完善自己，让自己更优秀，还可以和更多的异性同学友好相处，减少大家的误解。

当你用冷静的态度、积极的行为面对"八卦"时，冒犯者的热情就会消退了。

值得一提的是，网络交往中也要关注安全与和谐。在我们越来越频繁的网络交往中，使用具有敌意或侮辱性的词汇，对他人或群体造成伤害的冲突性言语也是冒犯行为。在网络环境中，我们也要像在现实生活中一样，自觉遵守人与人之间尊重平等的交往原则，从而有益于自己与他人的身心健康。

第四节 性侵犯的种类与应对

亲爱的同学你好，前面我们共同了解了无意冒犯和有意冒犯。但在人际交往中，还有一类特殊的冒犯，就是性侵犯中的性冒犯，面对这一类冒犯我们应该如何应对呢？

在生活中，大多数人都是爱护我们的，他们会用拥抱和一些身体接触来表达爱意，让我们非常愉快。但是，也有极少数的人会做出一些让我们身体或者心里不舒服的冒犯行为。

性侵犯中的性冒犯与我们身体的隐私部位密切相关。性冒犯不仅可能会发生在女性身上，男性也一样可能成为被冒犯的对象。而且随着年龄增长，身体发育越来越成熟，遇到这类冒犯的可能性会增加。而只有我们清晰地了解性冒犯行为，才能避免自己或者他人受到伤害。

让我们来看一个小故事：

在一堂体育课的自由活动时间，小明和同学们玩起了追逐游戏，一个同学追另外几个同学，被追上的同学要成为下一个追人者。在游戏的过程中，小明一直没有被抓到，这让另一个参加游戏的同学小宇非常嫉妒。于是在游戏的间歇，他跑到小明身边，一把拉下了小明的裤子，并大喊着让其他同学来看，面对自己隐私部位的暴露和同学们的嘲笑，小明忍不住哭了起来。

性冒犯会给我们带来反感、尴尬、恐慌、屈辱等不舒服的感觉，引起心理压力。而除了针对隐私部位开玩笑的冒犯行为之外，还有一些其他性冒犯行为也会给别人带来不适感。

例如：对异性吹口哨、讲和性有关的段子、紧盯着别人看、让人不舒服的触摸、不经过同意触摸别人衣服遮盖的部位等。

而如果出现了触摸性器官的行为或者使用暴力给他人造成身体伤害，那就不仅是冒犯行为，而是升级到犯罪了。

如果你遭遇到了性冒犯的行为，应该如何应对呢？

❓ 第一步：严厉拒绝

有的同学会因为不好意思或者不能判断对方是否有侵犯自己的意图，从而采取了忍耐的态度，但这样的应对方式会让对方觉得自己的行为以及对待你的态度都是被你允许的，这会让冒犯行为持续，甚至加剧。

不

所以，面对这样的情况，一定要勇敢拒绝，表明你自己的立场是对自己的保护。

❓ 第二步：坚信自己没有错

你一定要记住，这一切不是你的错，而是冒犯者的错。出现这样的行为，也不应该是你不好意思，而是他／她要不好意思。

❓ 第三步：必要时求助

也许你发现通过自己的力量无法制止对方的冒犯行为，这时你可以选择向自己信赖的人求助，比如老师、家长，千万不要一个人单打独斗。相信你一定能找到可以利用的资源。

最后，请记住，在人际交往中，我们一定要尊重自己和他人的个人界限和权利，不做出伤害他人的行为，做好自我保护，预防可能发生的侵害，同时注意不去有意或无意伤害别人，这样我们就能获得一个美好的环境，让我们每个人都能在和谐与安全的人际关系中快乐成长！

第五章

青春期的自我保护

第一节 认识毒品

亲爱的同学你好，你是不是非常渴望独立，总是尝试着用自己的眼光观察世界？当你看到绚丽多彩的世界时，你是否注意到像毒品这样的魔鬼也在悄悄地靠近我们，试图伤害我们呢？

虽然大多数同学听说过毒品，但究竟什么是毒品，也许一些同学还会有许多疑问，那么就让我们来认识毒品的真面目吧！

普 法

根据《中华人民共和国刑法》（以下简称《刑法》）第357条的规定，毒品是指鸦片、海洛因、甲基苯丙胺（冰毒）、吗啡、大麻、可卡因以及国家规定管制的其他能够使人形成瘾癖的麻醉药品和精神药品。除了这些以外，其他一些国家规定管制的能够使人形成瘾癖的麻醉药品和精神药品，比如在医院会应用的药物哌替啶（俗称"杜冷丁"）等，它们被非法滥用时也会成为毒品。

世界上滥用最普遍、毒害最严重的三种毒品是：
鸦片、可卡因、大麻

下面介绍一些常见毒品。

❓ 罂　粟

其外观虽然美丽，但从罂粟果实中提取出的汁液可以被加工成鸦片、吗啡和海洛因。罂粟是世界上毒品的重要来源之一，这一美丽的植物也因此被称为"恶之花"。

❓ 吗　啡

吗啡作为药物有很强的止痛作用，在医疗中发挥了很重要的止痛镇静作用，但如果不是用于医疗目的的滥用，它会比鸦片更易使人上瘾，毒性也更强。

❓ 海洛因

海洛因是一种容易上瘾，而且上瘾后又极难戒除的毒品，也是目前我国吸毒者吸食和注射的主要毒品之一。在精加工之后，海洛因的外观一般呈灰白色粉末状，因此俗称"白粉"或"白面儿"。

❓ 可卡因

可卡因是从古柯叶中提取的一种白色晶状的生物碱，可以刺激大脑，使人情绪高涨、好动，有时还会让人有攻击倾向，具有很强的成瘾性。

❓ 大　麻

大麻使用者初期会产生错觉，情绪激动好斗，接着会出现焦虑猜疑、倦怠昏睡，吸食过量容易导致人精神失常，因而易诱发车祸和暴力犯罪。

最早流入中国的毒品主要是鸦片，而现在则出现了以冰毒、摇头丸为代表的新型毒品，它们虽然披着美丽的外衣，但危害更大。

> 新型毒品的共同特点是：使用后可能造成严重的身体伤害，甚至因出现多种并发症状而导致死亡，受其毒害者主要是青少年。

❓ 冰 毒

冰毒又叫甲基苯丙胺，是苯丙胺类兴奋剂中对人危害最大的一种毒品，因其外观与冰很相似，所以被叫作冰毒。冰毒对人的中枢神经系统有严重的干扰作用，使人过度兴奋，减少对自己的约束能力，甚至会诱发潜在的精神疾病。

❓ 摇头丸

摇头丸又被叫作疯药、狂欢丸、狂喜丸等，是致幻型苯丙胺类兴奋剂毒品，形状通常为五颜六色的药片，有的上面还有图案或文字。人吃了以后会不由自主地手舞足蹈、摇头晃脑，还可能出现暴力攻击倾向，极易引发犯罪。另外，服食摇头丸还会伤及人的内脏，严重时会导致死亡。

值得注意的是，近年来，还有一些改头换面的新型毒品出现在我们的生

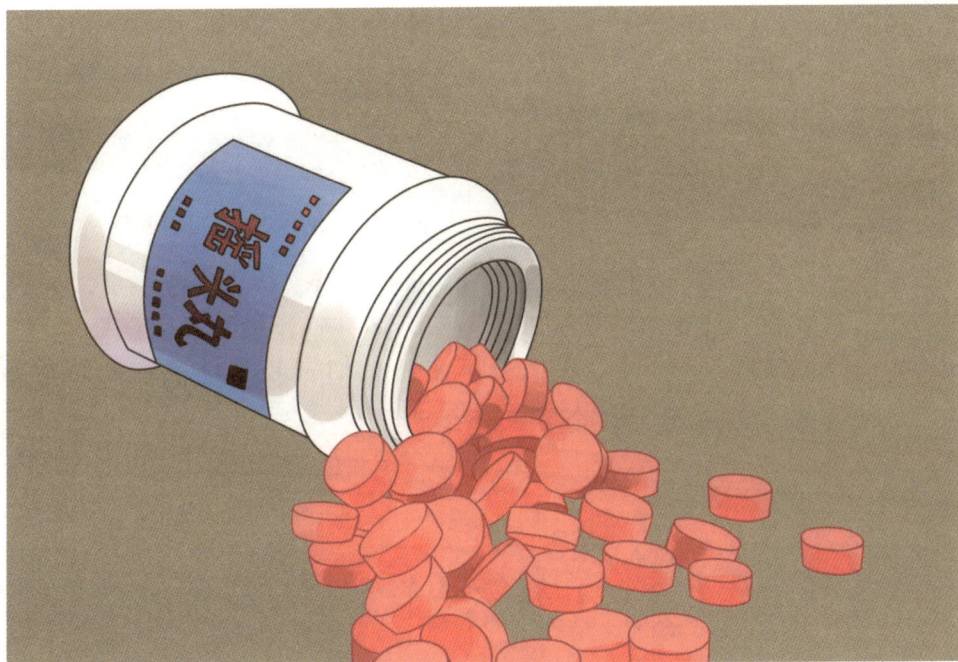

活中，它们有的像小小的邮票，有的看起来像奶茶粉、跳跳糖或者饼干，可以说无孔不入。就拿"毒品邮票"来说，它通常呈圆形，像指甲一般大小，包装上是花花绿绿的贴纸，非常吸引人。但它其实是一种很强的致幻剂，没有气味，很难被人察觉，这样一片小小的"邮票"重量不到几微克，就具有相当于一颗摇头丸三倍的毒性。

读到这里，相信你对于常见的毒品已经有了一定的了解，那么面对毒品，我们到底该怎么办呢？请继续阅读下一节内容吧！

第二节 拒绝毒品

亲爱的同学你好，在上一节中，我们一起了解了常见的毒品，那如果吸食这些毒品，会带来什么危害呢？

毒品对个人、家庭和社会都有十分严重的危害。

1. 对于个人的危害：影响我们的身体健康和生长发育

吸毒首先毁掉的就是自己的健康和生命。无论用什么方式吸食毒品，都会对身体造成极大的损害。吸毒容易诱发各种疾病，而且静脉注射毒品是传播艾滋病的重要途径。

吸毒还会造成严重的身体依赖和精神依赖，人体的生理功能就会发生紊乱，出现不安焦虑、忽冷忽热、流泪、流鼻涕、出汗恶心、呕吐、腹痛腹泻等一系列严重的反应，这些反应被统称为戒断反应。

这种反应会使人感到非常痛苦，所以吸毒者为了避免戒断反应的痛苦，就必须千方百计地维持吸毒状态，并且不断加大剂量，最终离不开毒品。而毒品的价格非常昂贵，不断购买，往往会倾家荡产。

2. 对于家庭的危害：危害亲情、毁灭家庭

吸毒者在自我毁灭的同时，也在危害自己的家庭。一旦家庭中出现吸毒者，就意味着贫困和矛盾会围绕着这个家庭，最后的结局往往是倾家荡产、妻离子散、家破人亡。

3. 对于社会的危害：破坏社会规则、滋生犯罪

吸毒常诱发各种违法犯罪行为，败坏社会风气。吸毒者为了获得吸毒所需资金，有的拦路抢劫，有的入室盗窃，有的制毒、贩毒，严重扰乱了社会治安，给社会安定带来巨大的威胁。

除此之外，毒品还有许多潜在的危害，比如吸毒会引起人的体力下降，使劳动力减少，从而严重破坏社会生产力。

当一个人经常使用某种毒品，以至于从精神和身体两方面都要依赖它的时候，就说明这个人已经染上毒瘾了。有一句话是这样说的：一朝吸毒，十年戒毒，终生想毒。

为什么这么说呢？这是因为吸毒者对毒品的强烈渴望永远存在，多数的戒毒者在半年内会复吸，这是很可怕的，因为这意味着一旦沾染了毒品，就很难摆脱它。

毒品也被称为精神活性物质，能够影响人的心理活动。由于强烈的成瘾性，毒品最终能够改变吸毒者的性格，让吸毒者像换了一个人一样，一切行为围绕吸毒而发生。所以，吸毒者往往丧失了正常人的情感和理智，没有诚信可言。

不同的毒品对人体产生作用的速度不同。比如服用海洛因 1～2 次就可以使人成瘾，而摇头丸在服用后 4～5 分钟内便会出现精神上的异常兴奋，如果长期服用会刺激、损害人的中枢神经系统，严重者可能造成休克甚至猝死。

吸毒者的平均寿命通常比一般人短 10～15 年，1/4 的吸毒者会在吸毒 10～20 年后死亡。

相信读到这里，你一定想要知道如何避免接触毒品。那么，首先我们就要了解，一般在什么情况下、什么样的环境中可能沾染上毒品。

我们来看看下面这个案例：

课间，强强看见亮亮手里正拿着什么，神神秘秘地给云云和昊昊看，强强也凑了过去。

只见亮亮摊开的手掌中是几颗彩色的糖豆。他拿起一颗放在嘴里，边吃边说："你们要不要也尝尝这种糖豆？酸酸甜甜、凉丝丝的，含在嘴里舌头还有点发麻，可好吃了！"强强问："亮亮，你这糖豆是在哪里买的？"

亮亮说："我昨天放学的时候，学校门口的一个不认识的叔叔给我的，他说先送我一包带给同学尝尝，要是觉得好吃就带同学去一起买，如果买得多可以给咱们优惠。"

亮亮边说，边从衣兜里掏出来一个装着糖豆的小包。

你觉得亮亮的做法对吗？

这样做可能会出现什么后果？

强强、云云和昊昊应该怎么做？

亮亮这样的做法显然是有风险的，陌生人给的食物很有可能存在危险，甚至可能是伪装成食物的毒品。而面对亮亮的行为，强强、云云和昊昊应该马上制止，并且及时报告老师或警察。

请你一定要记住，不要随便吃药，不要盲目接受陌生人递过来的饮品、食物和玩具，谨防上当受骗！青少年要正确把握好奇心，抵制不良诱惑。

好奇之心人皆有之，但是一定要明辨是非。面对毒品一定要态度鲜明，千万不可心存侥幸，因为一旦吸食毒品，便没有回头路可走。

我们要做到"五个牢记"和"六个不要"。

❓ **"五个牢记"**：

牢记毒品的可怕，牢记毒品的可恨，牢记毒品害己、害人、害家、害国，牢记毒品极易使人上瘾，牢记毒品不能治病。

❓ **"六个不要"**：

不要对毒品产生好奇和神秘感，不要用毒品寻求刺激与快乐，不要相信毒品能解除烦恼，不要相信吸食一两次不会上瘾的谎言，不要相信上瘾后有灵丹妙药可以戒毒，不要相信吸毒能减肥。

毒品这个恶魔对全世界造成了严重的危害，已经成为全人类共同的敌人。吸毒不仅损害身心健康，给家庭带来灾难，还能导致犯罪，破坏社会的和谐安宁。

有人说，吸毒就是踏上了人生不归路，的确，染上毒瘾就是在吞噬自己的生命，随时都有可能死亡，并且戒毒十分痛苦和困难。因此，为了我们的健康和未来，我们要从思想上筑起防毒禁毒的钢铁长城，认清毒品的危害，千万不要尝试，对一切毒品勇于说不，拒绝不良诱惑，养成健康的生活方式，远离毒品！

在我国，吸毒、贩毒和引诱他人吸毒都是违法行为，具体的法律条文如下：

1. 走私、贩卖、运输、制造毒品罪

根据《刑法》第 347 条，走私、贩卖、运输、制造毒品，无论数量多少，都应当追究刑事责任，予以刑事处罚；利用、教唆未成年人走私、贩卖、运输、制造毒品，或者向未成年人出售毒品的，从重处罚。

2. 非法持有毒品罪

根据《刑法》第 348 条，非法持有鸦片一千克以上、海洛因或者甲基苯丙胺五十克以上或者其他毒品数量大的，处七年以上有期徒刑或无期徒刑，

并处罚金；非法持有鸦片二百克以上不满一千克、海洛因或甲基苯丙胺十克以上不满五十克或者其他毒品数量较大的，处三年以下有期徒刑、拘役或管制，并处罚金；情节严重的，处三年以上七年以下有期徒刑，并处罚金。

3.窝藏、转移、隐瞒毒品、毒赃罪

根据《刑法》第349条，包庇走私、贩卖、运输、制造毒品的犯罪分子，为犯罪分子窝藏、转移、隐瞒毒品或者犯罪所得的财物的，处三年以下有期徒刑、拘役或管制；情节严重的，处三年以上十年以下有期徒刑。

4.引诱、教唆、欺骗他人吸毒罪，强迫他人吸毒罪

根据《刑法》第353条，引诱、教唆、欺骗他人吸食、注射毒品的，处三年以下有期徒刑、拘役或管制，并处罚金；情节严重的，处三年以上七年

以下有期徒刑，并处罚金。强迫他人吸食、注射毒品的，处三年以上十年以下有期徒刑，并处罚金。引诱、教唆、欺骗或强迫未成年人吸食、注射毒品的，从重处罚。

这东西包治百病！

第三节 认识艾滋病

亲爱的同学你好，你听说过艾滋病吗？

关于艾滋病你又知道多少呢？

艾滋病是由人类免疫缺陷病毒引起的病死率极高的一种严重传染病。在艾滋病病毒感染的初期，大部分被感染者没有任何症状或者反应，但是随着被感染者病程的进展和抵抗力的逐渐丧失，就会出现由轻到重的症状，最后直至死亡。到目前为止，还没有能够治愈艾滋病的药物和有效的疫苗，但艾滋病是可以预防的。

艾滋病的完整名称叫作"获得性免疫缺陷综合征"，"艾滋"是它的英文名称首字母缩写"AIDS"的音译。

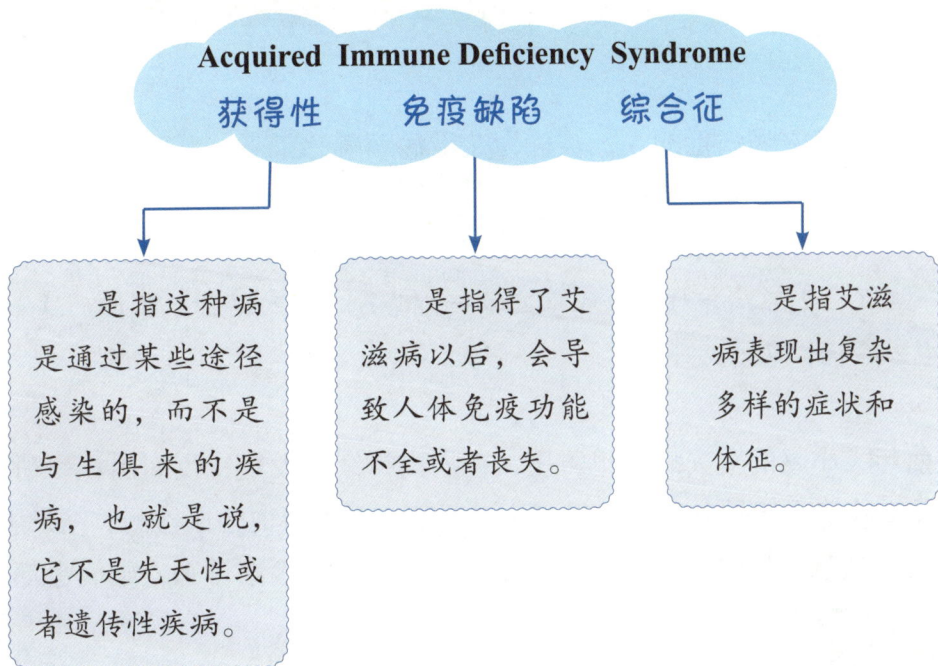

Acquired　Immune Deficiency　Syndrome

获得性　　免疫缺陷　　综合征

是指这种病是通过某些途径感染的，而不是与生俱来的疾病，也就是说，它不是先天性或者遗传性疾病。

是指得了艾滋病以后，会导致人体免疫功能不全或者丧失。

是指艾滋病表现出复杂多样的症状和体征。

免疫功能是正常人体具备的抵抗外界细菌、病毒和其他有害微生物侵害的能力，正因为有了这种能力，我们才不会天天生病，才能健康地生活。而艾滋病病毒破坏的正是人体的免疫功能，一旦得了艾滋病，人就会变得非常脆弱。一些在常人身上症状很轻的病症，在艾滋病患者身上就会成为很重的、难以治愈的疾病。

感染了艾滋病病毒的人，被称为艾滋病病毒感染者，艾滋病病毒感染者发病以后会成为艾滋病患者。

那么，艾滋病会对个人和家庭带来哪些危害呢？请你从下面的这个案例中来寻找答案吧。

前年，小赵的丈夫病得很厉害，一周内持续性发热、夜间出汗、精神萎靡，接着全身淋巴结肿大，不得不住进医院。医生给他验血检测，结果表明，他感染了艾滋病病毒。而小赵与女儿一起接受血液检测得知，她们也都感染了艾滋病病毒。

持续性发热

夜间出汗

精神萎靡

淋巴结肿大

这个消息仿佛晴天霹雳，把小赵一家击垮了。小赵想到了死，可是，看到什么都不懂的3岁女儿，小赵又咬牙活下去。

出院之后，丈夫的病情越来越重，相继又出现肝脾肿大，并发恶性肿瘤，他消瘦得连路都走不动了，后来甚至听不见也说不出话来，每天要吃大量各种叫不出名字的药物。为了照顾丈夫，小赵只能放弃了工作，家里没有了经济来源。

出院两个月后，小赵的丈夫永远地离开了她和女儿。丈夫去世不久，小赵的女儿开始经常生病，每隔一个星期都要病一次，连续上两星期的幼儿园她都做不到。这样的情况持续了两个月之后，幼儿园园长亲自找到小赵，请她别再把孩子送到幼儿园去了，因为其他家长不能接受这种情况。

小赵的女儿经常因生病发烧不得不住院，每次住院都需要 10 天以上，最终在 5 岁那年离开了人世……

读完了上面这个案例，你大概知道艾滋病会给个人带来哪些危害，又会给家庭带来哪些危害吧？

❓ 艾滋病对个人的危害

艾滋病病毒感染者一旦发展成艾滋病患者，健康状况就会迅速恶化，身体受到巨大的折磨。同时知道自己感染了艾滋病病毒的人往往会产生巨大的心理压力，很多艾滋病病毒感染者或艾滋病患者会心情沮丧，甚至失去活下去的勇气。他们既害怕别人知道自己是艾滋病病毒感染者而歧视自己，同时也怕因为病情不断加重，年纪轻轻就死去。

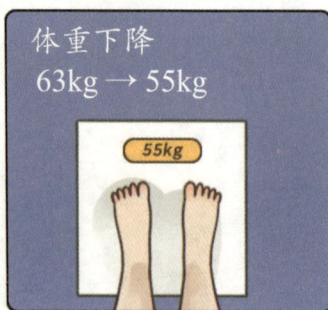

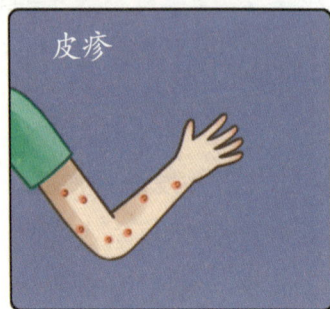

长期低热 37~38℃

体重下降 63kg → 55kg 55kg

慢性腹泻

皮疹

咳嗽

盗汗

另外，由于一些人对艾滋病的无知和恐惧，艾滋病病毒感染者或艾滋病患者容易受到歧视，被朋友甚至家人疏远，很难得到亲友的关心和照顾。

❓ 艾滋病对家庭的危害

由于多数艾滋病病毒感染者和艾滋病患者是青壮年，他们是家庭经济收入的主要来源，当他们丧失了劳动能力，不能再工作，同时又需要支付高额的医药费时，家庭经济情况就会很快恶化。艾滋病患者去世后一般都是留下没有父母的孤儿，或留下孤苦伶仃的老人无人照顾。

相信读到这里，你已经充分了解了艾滋病的危害。那么，我们要如何预防艾滋病病毒的感染，从而使自己远离这些危害呢？请继续阅读下一节吧！

第四节 预防艾滋病

亲爱的同学你好，在上一节中你已经了解了艾滋病指的是什么，并且了解了艾滋病对个人和家庭的危害，那么我们该如何预防艾滋病呢？

要解决这个问题，
我们首先就要了解艾滋病病毒是怎样在人群中传播的。

艾滋病的传播途径主要有三种：

血液传播　　　性传播　　　母婴传播

❓ 血液传播：

通常，输入被艾滋病病毒污染的血液或血制品，或伤口接触到含有艾滋病病毒的血液。另外，以下一些行为也可能通过血液的接触造成艾滋病的传播，包括与艾滋病病毒感染者或艾滋病患者共用注射器，用消毒不严的器械拔牙、美容文身等。因此，国家规定，血液和血液制品必须经过严格检测。而当我们生病时，一定要到正规医院就诊，避免血液传播带来的风险。

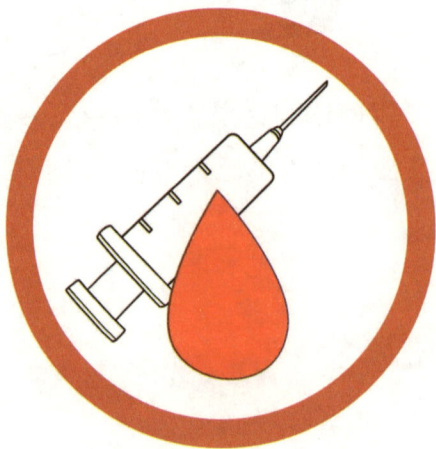

❓ 性传播：

通过与艾滋病病毒感染者或艾滋病患者发生无防护的性行为所造成的传播，多见于与多个性伙伴发生无防护的性行为。

另外要特别注意的是，吸毒者更容易感染和传播艾滋病，因为吸毒者毒瘾发作时，常常几个人甚至十几个人凑在一起共用一套注射器，一个人用过后另一个人接着用。这时如果其中有一人感染了艾滋病病毒，注射器就会被污染，那么艾滋病病毒就会传播到使用这个注射器的其他吸毒者身上。此外，吸毒使吸毒者的体质下降，也为艾滋病病毒的感染和发病大开方便之门。因此，我们说毒品是艾滋病的温床。

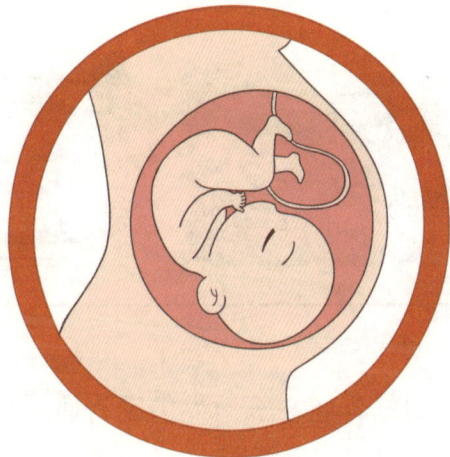

❓ 母婴传播：

是指感染了艾滋病病毒的母亲在怀孕分娩和哺乳时，有可能把艾滋病病毒传染给胎儿或婴儿。

所以，如果我们避免了这三种渠道和相关的危险行为，就不会感染艾滋病病毒。

❓ 日常生活中的接触不会感染艾滋病病毒

日常生活中，我们不用担心会受艾滋病病毒的感染，因为科学证明，艾滋病病毒不会通过餐具、衣服、被褥、电话、毛巾、浴巾或货币等传播，也不会通过游泳池和公共浴池的水传播。所以，与艾滋病病毒感染者进行日常接触和交流，比如蚊虫叮咬、共同学习、共同进餐、使用同一个坐便器、一起游泳、住在同一个寝室等，都不会感染艾滋病病毒。

到目前为止，医学界仍没有研究出可以彻底治疗艾滋病的方法，也没有疫苗可以预防艾滋病病毒的感染。但有些药物能抑制艾滋病病毒在人体内的繁殖，以此来减慢病毒的生长速度，减轻病毒对免疫系统的伤害，但这些药物只能减缓病情发展。

当然，健康的生活方式，例如卫生的生活环境、营养均衡的饮食、适当的运动、充足的休息和积极的人生观，都有助于稳定病情。健康的生活方式使不少的艾滋病病毒感染者和艾滋病患者的健康状况稳定下来，并且可以正常工作。

目前，针对艾滋病病毒的疫苗的研制工作正在进行，但研制出安全有效的疫苗还需要多年的时间，因为艾滋病病毒不同于一般的病毒，它具有极强的变异能力，这一特性不仅使人类免疫系统难以抵御其侵害，还给特效药和疫苗的研制造成极大的困难。

❓ **你听说过世界艾滋病日吗？**

为号召全世界人民行动起来，团结一致共同对抗艾滋病，世界卫生组织将每年的 12 月 1 日定为世界艾滋病日。世界艾滋病日的标志是红丝带。

❓ **红丝带标志的诞生过程**

20 世纪 80 年代末，人们意识到艾滋病是一种可怕的疾病，美国的一些艺术家总是用红丝带来默默悼念死于艾滋病的同伴们。在一次艾滋病大会上，艾滋病病毒感染者和艾滋病患者齐声呼吁人们的理解，此时，一条长长的红丝带被抛到会场的上空，支持者们将红丝带剪成小段，并用别针将折叠好的红丝带佩戴在胸前。

后来，许多关注艾滋病的爱心组织、医疗机构、热线电话纷纷以红丝带命名，红丝带逐渐成为呼唤全社会关注艾滋病防治问题、理解和关爱艾滋病病毒感染者和艾滋病患者的国际性标志。红丝带像一条纽带，将全世界人民紧紧联系在一起，共同抗击这一在世界范围内传播的疾病。

如果你在大街上、在一些公益活动中看到有人佩戴这种红丝带标志，那他／她一定是一名为预防艾滋病工作的人。红丝带标志象征着我们对艾滋病患者和感染者的关心与支持、对生命的热爱和对平等的渴望，也象征着我们要用心来参与预防艾滋病的工作。

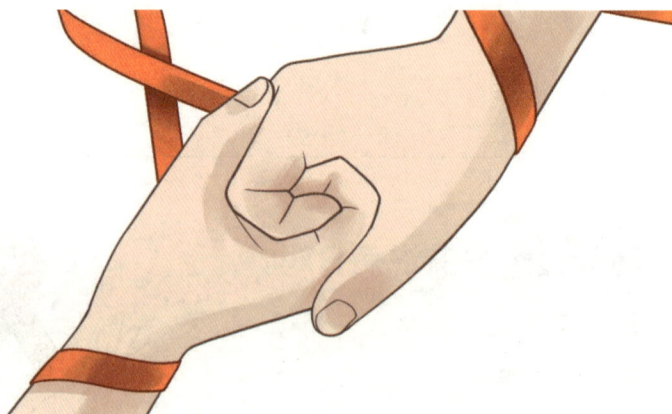

伴随着艾滋病病毒的快速流行，感染艾滋病病毒的儿童的数量正在不断增加。他们和我们每个同学一样，有同样的快乐成长、受教育、正常工作和生活的权利。

假如我们歧视、排斥、孤立艾滋病病毒感染者，不给他们同等的升学、就业、隐私保护权利，他们很可能会出现焦虑、紧张、抑郁的情感倾向，失去人生目标和社会责任感，消极地对待一切，不良的心理状态会影响他们的健康状况，加速他们的死亡进程。甚至个别的人还会产生报复社会的心理，做出故意传播艾滋病病毒的偏激甚至违法的行为。

事实上有适当的关爱和药物支持，艾滋病病毒感染者和艾滋病患者在很长时间内可以健康地生活。

　　艾滋病病毒感染者和艾滋病患者与其他人一样，不应该受到歧视。消除歧视，尊重并维护艾滋病病毒感染者和艾滋病患者的权利，有助于推动社会和谐与发展，这会让大家生活在一个安全、温馨、快乐的社会环境中！

第六章

美好的青春期

第一节　青春期的美与人生之美

亲爱的同学你好，我们在日升月落、草木枯荣中感受时间的流逝，在蝉鸣蛙唱、风吹叶动中聆听自然的和谐，在锅碗瓢勺、衣食住行中把握社会的律动。看似平常的这一切，你若有一双能发现美的眼睛、一颗能感受美的心灵，就能随处发现美、感受美，生命将会更加丰盈，精神将会更加和谐。

人的一生会有很多个阶段，每个年龄段都有独特的美。人生正如"春有百花秋有月，夏有凉风冬有雪"的四季，每年每月每日都能发现人间最美好的时节。

在发展心理学上，将人的一生分为 7 个阶段，分别是婴儿期、幼儿期、童年期、青春期、青年期、中年期、老年期。

你可以尝试观察在你身边的处于不同年龄阶段的人，说一说这个阶段的人有什么独特的美。

婴儿期和幼儿期

婴儿期的小朋友生长发育非常迅速，自己的小弟弟、小妹妹1岁多就能说话走路了，3岁时就似乎什么都懂了，能记住很多儿歌，还能清楚地表达自己的想法。没错，婴儿期是我们人生中生长发育最迅速的时期，也是个体心理发展最迅速的时期。

你也许还能想起自己上幼儿园时的情景。幼儿期的小朋友能独立在一个集体中生活，有的小朋友在这个时候能帮助爸爸妈妈照顾自己的弟弟妹妹，做简单的家务。这个阶段的你，心理和行动能力发生着翻天覆地的变化，游戏是你最主要的活动方式。你不仅能使用更多口头语言，还可以使用一些书面语言了，是不是很厉害？

童年期

这恐怕是你最熟悉的一个时期，因为这是你正在经历或刚刚度过的一个时期。在这个阶段，你的身体平稳成长，正规的学习替代了游戏，成为你的主导活动，这对现在乃至你的一生都有着重大的意义，促进了你的心理和个性全面发展。

青春期

这是从儿童向成年过渡的一个时期。你会发现周围的一些同学还有中学生们已经像大人，有的哥哥姐姐还会像大人一样穿着打扮。他们懂得了很多知识，能做很多大人们做的事了。你会不会很好奇，未来的自己会是什么样，会不会也像他们一样？

青年期和中年期

大多数同学的爸爸妈妈们都处于青年期或者中年期，这个阶段的人踏入社会，努力工作、结婚生子、成家立业，成为社会的中流砥柱，推动社会的发展，同时在家里面为你挡风遮雨，陪伴你成长。

老年期

大多数爷爷、奶奶处于人生的老年期，虽然他们进入暮年生理，心理机能开始不断老化、衰退，但是人们说"最美不过夕阳红，温馨又从容"，很多爷爷奶奶在家里帮助爸爸妈妈照顾我们，减轻父母们的负担，还不断地学习新知识跟上社会的发展，参与各种活动付出自己的热情，让自己的晚年生活更充实。

> 每个年龄段都有每个年龄段不一样的精彩，对于美的诠释也会随着年龄的增长而不同，随着我们阅历的不同，理解也会发生变化。

人的一生中最重要的生长发育阶段也是最美好的阶段是青春期。

青春期作为儿童期到成年期的过渡时期，是人身心发展的重要时期。除了婴儿期之外，青春期是人生中第二个身心迅速发展的时期，因此也被称为青春发育期。世界卫生组织的专家认为，10～20岁为青春期的年龄范围，由于社会背景和青少年身心发育的群体差异，一般将女性的青春期年龄划定为10～18岁，男性的青春期年龄划定为12～20岁。

我们在前面讲过，进入青春期，青少年的生理会发生急剧变化，身高和

体重迅速增加，第二性征出现，生理机能逐渐发育成熟，同时也伴随着心理和情绪的发展变化。

这时候的我们可能会遇到各种各样的问题和烦恼，其中就包括很多关于自己身体发育、长相身材等的烦恼。因此，对青春期的美有一个正确、恰当的理解就显得尤为重要。

如果你能够树立一种正确、健康的关于青春期美的观念，那么你的青春期将拥有更多快乐，并且对你今后创造完美人生有着重要作用。下面就让我们一起来研究青春的美，拥抱美好的青春吧！

首先请思考：美的标准是由谁制定的？美不美谁说了算？

让我们从女性审美历程说起：

在原始社会，由于生产力低下、自然灾害严重，生存和繁衍后代是最重要的，因此当时的女性以肥臀丰乳为美，比如辽宁喀左县的东山嘴红山文化遗址出土的红陶，上面绘制的女性都体态丰腴、曲线优美、乳房硕大、臀部宽肥。

原始社会

秦汉时期

　　而秦汉时期的人们则认为女性身材苗条、面庞俏丽、明眸皓齿、唇红齿白、头发乌黑才美。

盛唐时期

　　盛唐开阔的胸襟、海纳百川的气度，使得这时候大多数女性更加开放，她们对自己的身体暴露得更多，女性以丰满雍容为美。你看敦煌壁画中的唐代女性也多是体态丰满、珠翠满头、雍容华贵的样子。

两宋时期

宋代则以杨柳细腰、亭亭玉立为美。

审美离不开社会经济文化的发展，更是女性社会地位的表现。当女性被当做男性的附属、随从甚至是玩物时，女性的美就要满足统治者或者男性的审美需求，完全不考虑女性自身的健康与审美需求。

而相较于对女性的审美历程，对男性的审美的变化相对较小，但也随着时代的变迁，对于男生从身材魁梧、健壮的欣赏，逐渐转变为对于文弱男性形象的喜爱。

而处在现代社会的我们，面对纷繁复杂社会信息的影响，我们的审美又是怎样的呢？

请阅读下一节，一起来了解关于审美的更多真相吧！

第二节　青春期美的内涵

亲爱的同学你好，在这节中我们继续来探讨我们的审美观。你认为什么是美呢？

我们先来看两个故事。

故事 1：

13 岁的涛涛觉得古惑仔身上的纹身很酷、很帅，他决定尝试。当他第一次在胸前纹了一个鬼面，虽然很疼但他很满足，因为朋友们都夸他很酷。不过，父母显然不同意他这么做，但叛逆的涛涛并不理会父亲的责骂和母亲的唠叨，反而一而再再而三地纹身，直至未满 14 岁的他因纹身被学校要求暂时休学，并建议对纹身进行清洗。

涛涛不得不休学并开始痛苦且昂贵的纹身清洗，父母更加为涛涛的未来充满担忧，有着大面积纹身的涛涛将无法参军，在以后的生活中还将会遇到诸多不可预测的烦恼。

故事 2：

有一位 15 岁的少女，经整容后在中国的社交网络上爆红。但她过于白皙的皮肤以及太过尖锐的下巴让人难以接受，在网络上甚至有评论说她是妖精或者妖怪等。

她说，越是有赞美和反对就越是说明自己美，现在的社会就要与时俱进，什么都不能输在起跑线上。

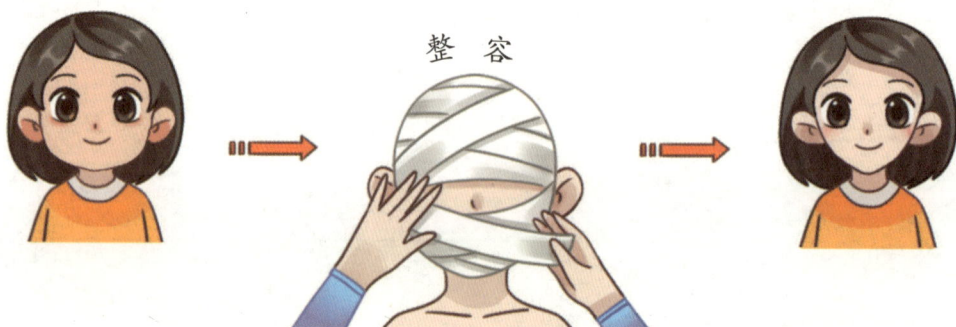

整 容

看了上面两个故事，对于他们追求美的做法你怎么看？

青春期的我们会更加关注自己的外表和形象，对自身的外在缺陷或者弱点十分敏感。有时候，我们喜欢拿自己与别人比较，发现自己比别人胖、比别人矮，或比别人眼睛小，从而产生忧郁、自卑、沮丧的情绪，甚至成为心理负担，严重影响学习和生活。我们迫切需要他人的关注与认可，并不断地要让自己变得更完美，这是成长的必然经历。

如果你被自己的体貌困扰，你可以准备一个小本子，记录下相关烦恼，然后想一想，你是从什么时候开始出现这种烦恼的，它产生的原因是什么？

到了青春期，女生体形往往开始变得丰满，体重快速增加，这时很多女生就开始刻意减肥。如果你也遇到了类似的问题，可以在本子上记录下来，自己为什么会为现在的体型、体重烦恼，是因为向往消瘦迷人的明星、"网红"形象，还是因为同伴经常开玩笑说你长胖了？

其实，觉得自己的外貌不够理想是一个客观存在的普遍现象，几乎不由人的主观意愿决定。世界上没有完美的人，每个人都会有自己的优点与不足。

伟大的志向可以激励我们不断发掘自己的优点，弥补自己的不足，接纳自己的不完美。

同时，我们还要特别注意的是，千万不要随意拿周围同学的身材或长相方面的特点开玩笑，这样做很容易引起同伴的自卑心理。

如果你觉得自己因外貌烦恼严重影响了日常学习和生活，可以和父母谈一谈，还可以与家人一起去寻求心理咨询方面专业人员的帮助。

觉得古惑仔身上的纹身很酷、很帅，通过纹身追求个性或让自己显得更成熟；擦脂抹粉尽力将自己打扮成成熟女人的样子，甚至通过整容改变容颜……这些行为都将让你远离青春的自然美。

特别是对于还处在身体发育阶段的青少年来说，贸然去做整形手术不仅可能达不到预期的效果，甚至可能会适得其反，影响正常发育和身体健康。

　　纹身是一种艺术，有的青少年很喜欢，觉得纹身非常酷炫，但纹身也会带来问题，因为它会伤及真皮，可能造成血液感染，具有传染艾滋病、乙型肝炎等疾病的风险。在现有技术条件下，想洗掉文身是很困难也很疼的。纹身还会影响未来职业的选择，例如有文身的同学将无法成为军人、飞行员等。

豆蔻年华之际自然而不加修饰的美是你人生中最宝贵的。你可以每个月为自己拍一张照片，记录下自己从童年期迈入青春期的变化，同时记录下自己的快乐与忧愁，以及生活中点点滴滴的小确幸。在日月更替中，你会看到自己逐渐从稚嫩走向成熟。

在网络平台上，大多数"网红"，不论可爱的、漂亮的、清纯的，无外乎高挺的鼻子、双眼皮、瓜子脸，还有可爱的娃娃音。"网红"确实很漂亮，但是你要知道，这不一定是他们本人真实的样子。滤镜的强大功能可以帮助每位主播变成双眼皮、瓜子脸、肤质细腻，就像"流水线上的工业品"，他们貌似外表完美，但却没有独特性。

而当我们看到一些绽放自信的人时，会发现他们都有独特的美，比如在奥运赛场挥洒汗水的运动健儿、在国旗下站岗的武警战士、在一线坚守的医护人员，他们的长相各不相同，但相信你能从他们身上看到各种不同的美。

难道你不想成为拥有个性美的少年吗？学会接纳和欣赏自己的外貌，而不以时尚为标准，这是从幼稚走向成熟的表现。每个人都是独一无二的个体，世界上没有完全相同的两个人，独特就是美，当你努力去发现自己身上的独特之处并为此而自豪时，你就是最美的！

面对大众媒体中片面的美丽形象，我们应该用多元化的审美观念去理解世界，并尝试用批判的眼光看待我们周围的信息。

无论是媒体上宣传的整容业，还是网络上展示的整容后千篇一律的"网红"脸，都是为争取顾客、赚更多钱的营销手段。你不必拥有"完美"的外貌，也可以成为独一无二的自己！

第三节　内在美与外在美

> 亲爱的同学你好，在上一节中我们谈到了独特个性美的重要性。但也许你还有一个疑问，什么是青春期的个性美？外在美是否重要？

那么，怎样的外表能展示青春期的美呢？

如果让你从下图中选择最美的形象，你会做什么选择呢？

颜值不是对于美唯一的批判标准，一个人的外貌风格与气质是硬朗刚强也好，细腻温柔也罢，并不妨碍其努力成为一个优秀的人。不论你是欣赏他们在屏幕上塑造的人物形象、关注他们的成长故事，还是喜欢他们演绎的作品，你都能感受到他们的美源于他们的健康与活力、积极向上的精神、充满正能量的感染力。

美是对健康昂扬、阳光向上等男性和女性共有的精神气质的高度认同，体现人们对于刚毅、坚卓、果敢、顽强、进取、担当等美好品格的执着追求，这是我们欣赏和提倡的。衣着整洁大方得体、积极参与体育锻炼、拥有某种爱好特长、良好的营养状况、积极的心态等，都将使你成为受欢迎的人。

曾经有这样一条新闻引起了人们的广泛关注：

一个女生要整容成某位明星的样子，希望自己与她的相似度达到90%。她为了祈祷手术能成功，自己能顺利"变身"为这位明星，甚至举办了一次祈福活动。

你怎么看这种行为？
是否整容成功就意味着自己的人生从此更有价值？

答案一定是否定的。

每个人的容颜都会随着时间的变化而改变，决定我们是怎样一个人最重要的是内心的自己。我们既要注重外在美，更要注重内在美。俄国大文豪列夫·托尔斯泰说过，人不是因为美丽才可爱，而是因为可爱才美丽。这里所说的美丽指的就是内在美、品格美。

> 内在美不是天生的，是通过修养得来的。我们只有通过加强自我修养，提高和完善内在的素质，才能使自己真正美丽。

我们可以从哪些方面提升自己美的内涵呢？

从你认为最美的人入手寻找内在美吧！观察自己周围的人，如爸爸、妈妈、老师、同学、媒体宣传的榜样人物、自己欣赏的名人等，他们的成长经历可以帮助你更好地寻找答案。请记录下你能从他们身上找到的美，这也是你绽放自己最美青春的力量来源。

你也许欣赏他们性格上的包容、亲切热情，他们的善良正直、顽强拼搏的品行，或者欣赏他们学习中快速领悟的能力、良好的专注力和耐力，以及为集体做事助人为乐的精神、用于展示自我特长的才华等，这都是生活中的美。

第四节 悦纳自己、悦纳青春期

> 亲爱的同学你好，你喜欢自己吗？

我们常常会听到一些这样的抱怨：

为什么我不是男孩？

为什么我不是女孩？

为什么我是单眼皮而不是双眼皮？

为什么我是矮个子而不是高个子？

为什么我的身材这么胖而不能瘦一点？

为什么我的脸上长痘痘，别人却不长？

为什么我的成绩总是赶不上别人？

为什么别人性格外向而我内向？

为什么我生在贫穷的家庭，而不是生在富裕的家庭？

……

……

这些抱怨让我们烦恼，甚至痛苦。

那么，这些痛苦到底源自哪里呢？是因为一个人的长相、体形、身高、性格、学习成绩和家庭出身吗？

在回答这个问题之前，请你先拿出纸和笔做下面这道算术题，当然，你也可以使用计算器：

$$(36 \times 35 \times 34 \times 33 \times 32 \times 31 \times 30) \div (7 \times 6 \times 5 \times 4 \times 3 \times 2 \times 1) = ?$$

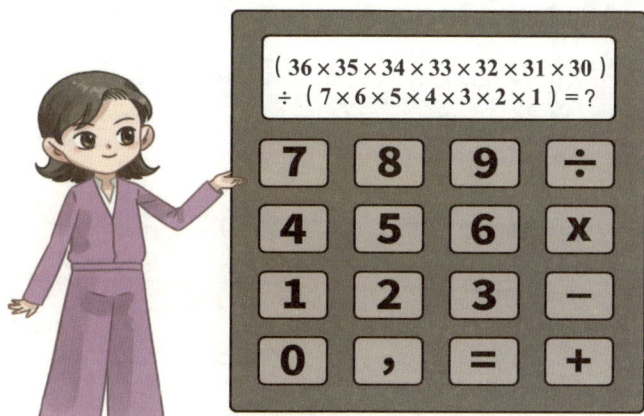

你计算的结果是多少？我们一起来读读这个数字：

八百三十四万七千六百八十。

你知道这组算式算的是什么吗？

这是中国福利彩票 36 选 7 的排列组合，是买这种福利彩票中奖率的算式。也就是说，我们买福利彩票中头奖的概率约是八百万分之一。

看到这个数字你有什么想法吗？你也许会说，获得头奖实在太难了，如果这样头奖降临到你的家庭里，你会有什么样的感受呢？如果中福利彩票头奖这样的小概率事件能发生在自己身上，很多人都会欣喜若狂，因为这是多么难得，八百多万种组合中刚好自己选中头奖的号码，太幸运了！

让我们再来看第二个数据：五亿分之一。

这个概率比上个概率还要小得多，但其实我们每一个人都是概率是五亿分之一的彩票中奖者。为什么这么说呢？

这是因为在我们生命的初始，也就是受精卵形成的过程中，卵子通常只有一个，而精子的数量多达五亿个。精子和卵子结合前，精子们经过优胜劣汰，只有唯一的一个胜利才能与卵子结合。

所以，我们每一个人都是非常特殊、独一无二的胜利者，是在数以亿计的精子激烈竞争中的胜利者。

当我们降临到这个世界上时，在我们身体的每个细胞中都有46条染色体，它们就像是一张张带着父母遗传信息的记忆卡，延续着父母的基因。

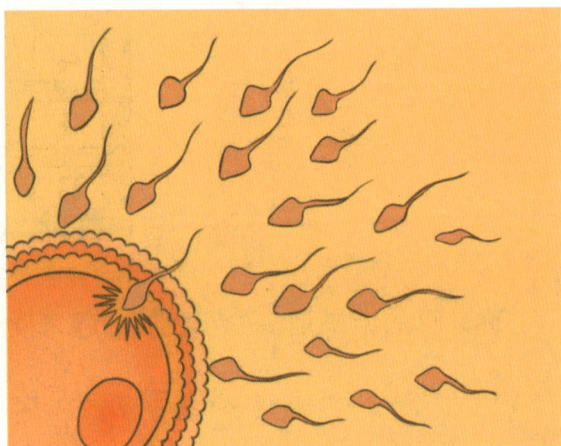

下面，就请你从遗传的角度，找到自己与爸爸或者妈妈10处相似的特点，例如：

血型、肤色、牙齿、下颚（下巴）、鼻子、眼皮、眼睛、睫毛、耳朵、手、脚……

其实，这些身体部位都是会遗传的，包括青春痘这个让少男少女耿耿于怀的"容颜病症"，居然也与遗传有关。据调查发现，如果父母一方患过青春痘，那么子女们的患病率将比父母未患过青春痘者高出20倍。

虽然我们都带着父母的基因，长得像爸爸或者妈妈，但我们并不是谁的附属，我们每个人都是一个崭新的生命，

一个独立的人，当我们呱呱坠地的时候，就踏上了挑战自我的征程。随着我们不断成长，心理不断丰富、发展完善，逐渐形成自己的个性，即使是同卵双生子，也同样具有自己独特的个性。

当你阅读《红楼梦》《水浒传》《三国演义》《西游记》这四大古典名著时，你会被小说中各具风采、光彩照人的人物形象所吸引。黛玉的忧郁与聪慧、宋江的仁义与忠诚、曹操的雄心与奸诈、孙悟空的机智与勇敢……一个个栩栩如生的人物流传数百年。在现实生活中，我们也能发现性格迥异的人。

在你的班级里，一定有人热情开朗、有人呆萌可爱、有人冲动火爆、有人内向安静、有人粗枝大叶、有人心细如发、有人天马行空、有人踏实稳重……所有这些性格差异让班级里每一天都生动活泼。

人人都有个性，人人的个性都各不相同。正是这些具有千差万别个性的人组成了各种各样既相互联系又相互制约的人类群体，推动着社会的发展和时代的变迁，形成了我们这个生动活泼、丰富多彩的大千世界。

"不识庐山真面目，只缘身在此山中。"其实，我们在前面提到的被那些问题困扰的同学，正是因为不了解自身从而不接纳自己。的确，我们要完全了解自己并不是一件容易的事，认识自己内心就更不容易了。一个人想真正了解自己，要经历一个漫长的过程，在这个过程中逐渐认识自己，并不断走向成熟。

当然，我们还是有一些方法可以让自己多了解自己一些的，你想知道这些方法吗？请继续看下一节！

**做最美好的自己，
迎接最美丽的青春期**

亲爱的同学你好，在上一节中我们讲了了解自己的重要性。那么，下面我们就通过一个练习试着多了解自己吧！

首先，请你准备一张至少比自己的手大一些的纸和一支笔。

准备好后，请伸出你的左手或者右手，看看这十根有长有短的手指，你最喜欢哪一根呢？你又为什么会喜欢它呢？也许是因为喜欢它的样子，也许是喜欢它能帮助你做的事，或者它有什么特别之处。接下来和你周围的人比较一下你的手形，你可能会发现每个人手的大小胖瘦、手指的粗细长短各不相同，看来每个人的手都是独特的、与众不同的。

接下来，让我们用笔先在纸上沿着自己手的轮廓画出它的形状，接着在自己 5 根手指的轮廓图上分别写出自己的 5 个特点，尽量要和手指带给你的感觉相匹配。比如，可以在大拇指上写上"热情"，那是因为大拇指是最有力量的手指，而热情带给自己很多力量。

完成以后，请读一读自己写下的文字，你对自己的特点满意吗？把你的轮廓图和周围的人分享一下，并邀请他们在你轮廓图掌心的位置写出欣赏你的地方，写得越多越好。

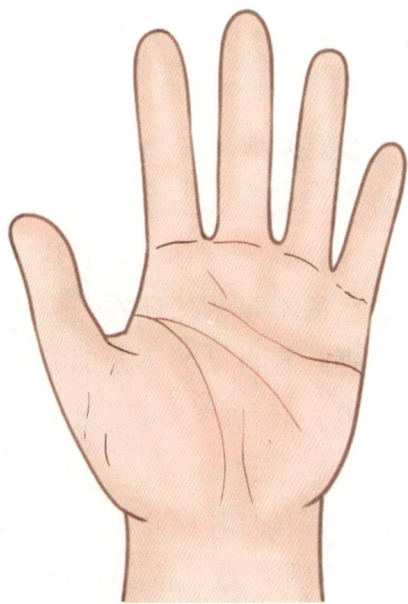

然后请你再次看看你的手掌轮廓图，看看上面的文字，闭上眼睛静下心想一想，手指和掌心中你的这些特点对你的成长会有怎样的影响？那些给你带来帮助、让你快乐的特点可能是一些好的习惯、好的品质，它不仅能带给你美好的体验，也会给身边的人带来快乐与温暖。你发现了它，更要很好地保持、发扬它。

❓ 也许在你的手指轮廓图上还出现了这样的描述：

小指上写着胆小，无名指上写着不灵活，食指上写着学习差。你可能觉得小指很瘦弱，就像你一样胆小；无名指没什么用，连独立活动都不方便，就像你的不灵活；食指让你想起因为成绩不好受到批评时的情景。你无法改变也不愿接受这些特点，好希望它们能消失……

其实，绝大多数人都希望能够拥有优势、没有不足，但这是很难的，因为没有一个人是完美的。力求完美只会引发无限的焦虑、恐惧、愤怒等负面的情绪。

如果你把注意力放在自己的优势上，就可以让自己更专注、更有成就感，内心充满喜悦。虽然自己的不足依然还在，但当你不一直盯着自己的不足时，你就不会被它们羁绊，可以自由地成为更棒的自己！

不足有的时候并不一定是不足，就像胆小这个特质，从另一个角度来看就是谨慎。每个人都是独一无二的，不论优势还是不足，都是我们身上的一种特质。一个人能不能成功，不在于他／她拥有多少优势，而在于他／她如何认识自我，如何在不同的情境中灵活运用自身的特质。正像十根手指有长有短、各具功能，才让我们更好地探索世界。

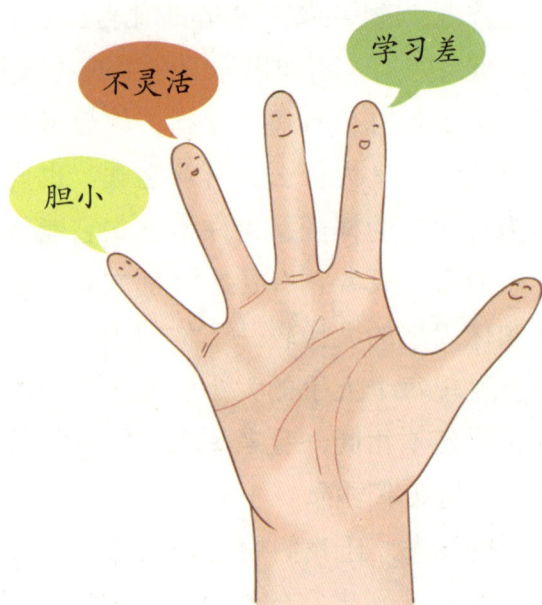

有一个生长在孤儿院中的小男孩常常悲观地问院长："像我这样没人要的孩子，活着究竟有什么意思呢？"院长总是笑而不答。有一天，院长交给男孩一块石头说："明天早上，你拿着这块石头到市场上去卖，但不是真卖。记住，无论别人出多少钱都绝对不能卖！"

第二天，男孩拿着石头蹲在市场的角落，有不少人对他的石头很感兴趣，而且价钱越出越高。回到孤儿院，男孩兴奋地向院长报告。

院长笑笑，要他明天拿黄金去市场卖。在黄金市场上，有人出比昨天高10倍的价钱来买这块石头。最后，院长叫孩子把石头拿到宝石市场上去展示，结果石头的身价又长了10倍，更由于男孩怎么都不卖，竟被传扬为稀世珍宝。

男孩兴冲冲地捧着石头回到孤儿院，把这一切告诉给院长，并问为什么会这样。院长望着孩子慢慢说道："生命的价值就像这块石头一样，在不同的环境下就会有不同的意义。一块不起眼的石头，由于你的惜售而提升了它的价值，竟被传为稀世珍宝。你就像这块石头一样，只要自己看重自己、自我珍惜，生命就有意义、有价值。"

让我们再次拿起自己的手部轮

廓图，看一看你和周围人对自己的描述，为自己在身体、能力、性格或品质方面制定一个美好的发展目标，为自己最骄傲的特质制定一个让自己变得更棒的目标，让优势成为你独一无二的名片。

你也可以剥开不起眼的层层泥土，看看里面埋藏着怎样的优势，思考如何适当地将它展现出来。然后，把你的目标写在你的手心里。写好以后你可以攥紧拳头，为自己加油鼓劲，你也可以拉起同伴的手，相互分享彼此的目标，在人生的路上相伴相随，一起努力成为更好的自己。

我们生活在这个社会中，总会不自觉地被裹挟，希望自己的外形符合社会的时尚和审美标准，希望自己有着更多的优点，更加完美。但学到这里，相信你已经明白，清晰地认识自己、接受自己和悦纳自己是最为重要的，我们可以努力让自己变得更好，但更重要的是，让自己变得更爱自己。

努力变得更好

而在这个基础上，你也可以进一步思考：
我要如何实现自己的人生价值？
我的人生目标是什么？

当然，这是一个很宏大的问题，也许现在你还没有答案，但是每一点思考都是有意义、有价值的。现在的你也许无法实现自己的人生目标，但可以从每一件小事做起。

比如鼓励自己参加更多、类型更丰富的文体活动，给自己机会更了解自己，也更全面地提升自己。

比如常走出去看一看，阅读更多的书籍，丰富自己对于世界和各种事物的认知。

比如积极参与组织班里、学校的活动，积极为同学服务，加强班级的凝聚力，使班级环境变得更加和谐，等等。

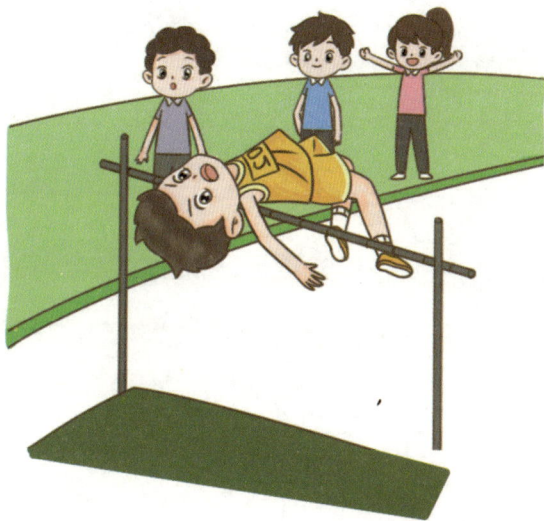

如果我们从身边的点滴小事做起，就能够一步步提升自己，从而让自己能够在未来实现更加远大的人生目标。相信你一定可以做到！

就从现在开始，从阅读完这本书开始，绽放你的青春和美好吧！